Tanja Stern

Sie spielte nur einen Sommer

Vergessene Künstler

Tanja Stern

Sie spielte nur einen Sommer

Die Geschichte der Pia Degermark
Nicht autorisierte Biographie

Stern, Tanja: Sie spielte nur einen Sommer
Die Geschichte der Pia Degermark
Nicht autorisierte Biographie
Erster Band der Reihe „Vergessene Künstler“
1. Auflage 2017
ISBN 978-3-938105-35-1
Cover: Tanja Stern (unter Verwendung
einer Aufnahme von Pia Degermark
aus schwedischen Spielfilm „Elvira Madigan“)
Bei den Fotos im Buch handelt es sich
um Bildnisse aus dem Bereich der Zeitgeschichte
im Sinne des § 23 Abs. 1 Satz 1 KunstUrhG.

mail: info@tanja-stern.de
www.tanja-stern.de
web: www.tanja-stern.de
blog: monatsblatt.tanja-stern.de

Ich sitze auf einer hohen Säule
und sehe keine Möglichkeit herunterzukommen;
mir schwindelt, wenn ich hinuntersehe,
und doch muss ich hinunter,
aber ich habe nicht den Mut mich hinabzustürzen;
ich kann mich nicht festhalten
und ich sehne mich danach zu fallen; aber ich falle nicht.
Und doch habe ich keine Ruhe, bevor ich unten bin,
keinen Frieden, bevor ich auf der Erde angelangt bin.

August Strindberg, Fräulein Julie

Vorwort

Wie bist du denn auf die gekommen? Das fragt mich unweigerlich jeder, dem ich von diesem Projekt erzähle. Alle meine Bekannten haben Pia Degermark längst vergessen oder nie von ihr gehört. Kein Wunder, ihr einziger bedeutender Film „Elvira Madigan" kam 1967 in die Kinos; danach hat Pia als Schauspielerin nie wieder einen Stich gesehen. Und genau das war der Punkt, der irgendwann mein Interesse weckte. Wie kam es, dass auf solch einen Film keine ergiebige Schauspielkarriere der Hauptdarstellerin gefolgt war – dass man so gar nichts mehr von ihr hörte?

Ich hatte „Elvira Madigan" als ein wichtiges Filmerlebnis meiner Jugend in Erinnerung behalten, hatte mir einmal sogar mühsam die DVD-Version besorgt, um zu testen, wie der Film, den man im deutschen Kino oder Fernsehen nie zu sehen bekommt, aus dem zeitlichen Abstand auf mich wirken würde, und hatte ihn nach wie vor sehr eindringlich und überraschend modern gefunden. Er war nicht „schlecht geworden" wie so viele Filme, die ich als junges Mädchen bewundert hatte.

Um diese Zeit gab ich zum ersten Mal bei Google Pia Degermark ein; ich wollte wissen, was aus ihr geworden war. So erfuhr ich von ihrem bewegten Leben, ihrer verunglückten Karriere, ihrer gescheiterten Ehe, ihrer Drogensucht, ihrer Gefängnishaft. Es war nicht so, dass ich gleich über sie schreiben wollte; dazu gab es vorläufig keinen Anlass. Doch als ich, wiederum Jahre später, eine Reihe von Aufsätzen zum Thema „Vergessene Künstler" konzipierte, stand der Name Pia Degermark von Anfang an auf meiner Liste. Abermals forschte ich bei Google nach, und diesmal fand ich einen Link zu Pias offizieller Homepage.

Es war nicht die Homepage einer Schauspielerin. In erster Linie ging es um Handarbeiten. Nachdem Pia aufgrund eines schweren Autounfalls vorzeitig in den Status einer Invalidenrentnerin versetzt worden war, hatte sie angefangen, Zierkissen zu sticken. Diese Kissen wollte sie über die Homepage verkaufen. In einem einführenden Artikel ließ sie sich darüber aus, wie beruhigend und heilsam Handarbeiten auf ihre Seele wirkten. Der Artikel enthielt keine Erklärung zu ihrer Person oder zu ihrer Vergangenheit als Schauspielerin. Allerdings gab es einen Hinweis auf ihr Erinnerungsbuch mit dem elegischen Titel „Gott zählt die Tränen der Frauen", das vor einigen Jahren erschienen war. Auch dieses Buch konnte man über die Homepage bestellen. (Mittlerweile – Stand Sommer 2017 – ist die Homepage wieder vom Netz gegangen. Pia verkauft keine Kissen mehr.)

Mir kam das alles sehr traurig vor – eine Invalidenrentnerin, die Stickereien anfertigt und tränenreiche Memoiren schreibt! Auf der Homepage war ein Mailkontakt angegeben, und bevor ich mich versah, hatte ich auch schon darauf geklickt und eine Nachricht an Pia aufgesetzt, in der ich sie um ein Interview bat, schriftlich, telefonisch, per Skype, wie sie wollte. Ich fand es gar nicht so einfach, ihr mein Anliegen zu schildern. Würde sie nicht beleidigt sein, wenn ich sie unter der Rubrik „Vergessene Künstler" verortete? „For me you are absolutely unforgotten!", schrieb ich treuherzig in meinem braven Schulenglisch. Und das war ja auch die reine Wahrheit. Ach, was sollte schon passieren. Schlimmstenfalls bekam ich eben keine Antwort.

Doch Pia antwortete prompt und freundlich, und sie antwortete auf Deutsch. Immerhin hatte sie jahrelang in der Schweiz und später auch in Deutschland gelebt. Sie erklärte sich sofort bereit, mit mir zu sprechen, schien sich sogar zu freuen, dass eine Deutsche sich für sie interessierte. Zwar wurde sie in Schweden des Öfteren von Journalisten angesprochen, doch Nachfragen aus dem Ausland kamen selten.

Ich war entzückt. Schon den Absender Pia Degermark in meiner schlichten Mailbox zu lesen, erschien mir nachgerade surreal. Schnell entschloss ich mich zu einer Reise nach Schweden. Ich wollte Pia persönlich interviewen, denn schon nach kurzem Mailwechsel wurde mir klar, dass sie sehr anders war, als ich sie mir vorgestellt hatte. Aus dem, was ich über sie wusste, hatte ich mir das tragische Bild einer leidgeprüften Mater dolorosa geformt, einer vom Leben gebeutelten bedauernswerten Invalidin. Immer wieder fragte ich ängstlich nach, ob sich Pia auch wirklich stark genug fühle, während des Interviews ihrer schweren Vergangenheit ins Auge zu sehen, ob sie das nicht allzu sehr belasten werde. Und als sie einmal etwas länger als gewöhnlich auf meine Mail keine Antwort gab, malte ich mir in der Phantasie die fürchterlichsten Gründe für ihr Schweigen aus: Nervenzusammenbruch? Depressionsattacke? Rückfall in die Amphetaminsucht? Und womöglich ausgelöst durch meinen Gesprächswunsch...?

Alles Quatsch. Pia hatte eine ganz banale Erkältung, die sie für ein paar Tage vom Computer fernhielt. Und sie war auch kein Sensibelchen, das den Gedanken nicht ertragen konnte, über die Härten der Vergangenheit zu sprechen. Als ich sie in Norrtälje besuchte, einer Kleinstadt unweit von Stockholm, wo sie jetzt wohnt, trat mir eine immer noch sehr gut aussehende Frau gegenüber, deren Ausstrahlung ausgesprochen selbstbewusst und handfest-sachlich war. Hätte ich keine Vorinformationen gehabt, ich wäre nie darauf gekommen, dass diese Frau jemals an massiven psychischen Problemen litt. Und auch die physischen Probleme waren geringer, als ich befürchtet hatte. Zwar konnte Pia nach ihrem Autounfall jahrelang nur an Krücken gehen, doch die insgesamt 17 Operationen, die sie überstehen musste, haben wahre Wunder gewirkt. Pia ist nicht nur sehr gut zu Fuß, sie geht sogar wieder ihrer großen Leidenschaft, dem Skifahren nach. Eine arme Behinderte sieht anders aus.

Das Interview, das ich in Norrtälje mit ihr führte, ist die Basis des folgenden Berichts – eine sehr unzulängliche Basis, wie ich beim Schreiben feststellen musste. Ich hätte viele Interviews führen müssen, mit Verwandten, Freunden, Weggefährten, um mir ein vollständiges Bild von Pias Geschichte zu verschaffen. So zeichnet sich nur ihre eigene Version ab, und die wird von den wenigen anderen Quellen, die mir zur Verfügung standen, etwa Zeitungsinterviews oder Internetartikeln, nicht in jedem Detail bestätigt.

Theoretisch stand mir natürlich auch Pias Erinnerungsbuch zur Verfügung, doch es lag mir leider nur auf Schwedisch vor. Ich habe versucht, mir den Originaltext mithilfe von OCR-Programmen und Übersetzungsdiensten zu erschließen, was aber nur sehr unzulänglich gelang. Immerhin konnte ich auch in dieser Quelle etliche Abweichungen von der Interviewversion bemerken. Pia ist offen und zugleich auf der Hut: Sie hat den Anspruch, schonungslos über die dunklen Seiten ihres Lebens zu sprechen, doch sie blockt auch – was natürlich ihr gutes Recht ist – sehr schnell ab, wenn eine Frage kommt, die zu einem heiklen, in ihren Augen nicht öffentlichkeitstauglichen Thema führt. Ich habe wenig mehr von ihr zu hören bekommen als eine quasi „offizielle Story"; und so offeriere ich diesen Bericht in aller Vorsicht und Relativität, mit vielen Lücken und offenen Fragen. Ein zweites Interview für Rückfragen hat mir Pia leider nicht gewährt.

Im Kern geht es hier um die Allerweltsgeschichte von der hochgejubelten Debütantin, die sich vor einer großen Starkarriere wähnt, aber tragisch an den Klippen des Lebens und des Filmgeschäftes scheitert. Und das ist natürlich eine Geschichte, die nicht nur Schauspielern passiert, sondern vielen jungen Menschen, die mit dem Ehrgeiz antreten, sich in der Kunst oder der Wissenschaft einen Namen zu machen, und in diesem Ehrgeiz bitter enttäuscht werden; ich selber habe sie auf dem Gebiet der Literatur erlebt. Doch Pias Geschichte ist außergewöhnlich, was die Fallhöhe betrifft, den Kontrast zwischen dem Möglichen und dem Realen. Selten hat das Schicksal einen Menschen solch hohe Höhen erklimmen lassen und ihn dann in solch tiefe Tiefen gestürzt.

Die Siegerin

Pia Degermark stammt aus einer wohlhabenden und gut situierten schwedischen Familie, der eine große Strumpffabrik gehört. Ihr Großvater ist eine Legende in Schweden: Der aus ärmsten Verhältnissen stammende Rudolf Degermark entwickelt sich nicht nur zu einem exzellenten Turner, der Schweden erfolgreich bei den Olympischen Spielen von 1908 vertritt, er steigt später auch vom einfachen Angestellten in einer Textilfabrik zum Gründer eines eigenen Unternehmens auf, das bald zu den führenden der Branche zählt. Als er 1960 stirbt, übernimmt sein ältester Sohn Torsten Degermark, Pias Vater, die Strumpffabrik und sieht sich nicht nur mit den Auszahlungswünschen mehrerer Geschwister konfrontiert, sondern auch mit horrenden Forderungen des Fiskus – Schweden ist ja bekannt für seine äußerst rigiden Steuergesetze. Torsten Degermark entschließt sich, seinen Lebensmittelpunkt ins Ausland zu verlegen, und übersiedelt kurzerhand mit seiner Frau und seinen drei Kindern in die Schweiz. Außer Pia hat er noch zwei Söhne, von denen einer jedoch bereits in jungen Jahren stirbt.

Pia ist elf, als die Familie in die Schweiz zieht, und sie wäre viel lieber in Schweden geblieben, wo alle ihre Freunde und Verwandten sind. Sie spricht weder Französisch noch Deutsch, und die Schweizer Lebensart kommt ihr hoffnungslos betulich und rückständig vor. Aber Kinder lernen schnell, und Pia ist ein besonders aufgewecktes Kind: Schon nach wenigen Monaten hat sie sich nicht nur die deutsche Sprache zu Eigen gemacht, sondern auch deren vertrackte Schwyzerdütsche Variante. Mühelos absolviert sie die Sekundarschule. Und allmählich findet sie Geschmack an ihrer neuen Heimat. Die Familie wohnt in Vitznau, direkt am Vierwaldstädter See. Die Landschaft ist die reinste Kitschpostkarte: Auf der einen Seite erheben sich machtvoll die gewaltigen Berge des Rigi-Massivs, auf der anderen strahlt der Vierwaldstädter See, im Sommer bunt belebt von Schwimmern und Seglern.

Auch Pia wird eine gute Schwimmerin, doch mehr noch liebt sie den Wintersport. Von klein auf läuft sie begeistert Ski, und die Region, in der sie lebt, ist nur zu gut geeignet, diese Leidenschaft zu fördern. Mit ihren Eltern verbringt sie schöne Winterferien in St. Moritz oder Oberitalien, wo kein Berg vor ihren Skikünsten sicher ist.

Als Pia dreizehn ist, geht sie fort aus Vitznau, denn ein Gymnasium gibt es dort nicht. Der Vater spendiert ihr ein feudales Mädcheninternat in Neuchatel im französischen Teil der Schweiz, und sie verlässt ihr Elternhaus ohne Bedauern, sogar mit heimlicher Erleichterung, denn in dem Maße, wie sie heranwächst, wird ihr zusehends klarer, dass es mit dem Familienleben nicht zum Besten steht. Der Vater ist nur selten zu Hause. Die Hälfte des Jahres verbringt er in Schweden, wo er seine Geschäfte führt; und bald stellt sich heraus, dass er nicht nur in zwei Ländern, sondern auch mit zwei Frauen lebt. Die Mutter geht gleichfalls ihre eigenen Wege. Der Kinder wegen und der Leute wegen wahrt man noch jahrelang die Fassade, bevor es endlich zur Scheidung kommt, und Außenstehende haben nach wie vor den Eindruck einer glücklichen Familie. Doch dem sensiblen jungen Mädchen kann nicht entgehen, dass ihre Eltern innerlich längst getrennt sind.

Im Internat dagegen fühlt sich Pia vom ersten Tag an wohl. Ihre Gefährtinnen sind Töchter von wohlbetuchten Eltern aus der ganzen Welt, die hier europäische Bildung und gesellschaftlichen Schliff erhalten sollen. Pia lernt nicht nur Französisch, sondern kann dank der vielen Amerikanerinnen und Britinnen im Pensionat auch ihre Englischkenntnisse erweitern. Sie liebt den streng gegliederten Alltag mit den immer gleichen Essens- und Unterrichtszeiten, den trauten Einschlafgesprächen und den mädchenhaften Heimlichkeiten. Jahrzehnte später kommt sie in die Lage, eine Gefängnishaft verbüßen zu müssen, und als ich sie im Interview frage, wie sie, die verwöhnte Großbürgertochter, denn bloß den Knastalltag ertragen konnte, zuckt sie nur die Achseln: War kein Problem. Ich bin im Internat gewesen. Ich mag Regeln.

Der Unterricht, ohnehin nicht sehr fordernd, entfällt im Winter für Pia ganz, denn als sich zeigt, wie gut sie Ski läuft, soll sie das Pensionat in einem internationalen Skiwettbewerb der Internatsschulen vertreten. Wochenlang wird sie speziell trainiert, und beim Wettbewerb belegt sie immerhin den fünften Platz unter mehr als dreihundert Teilnehmerinnen – ein Erfolg, auf den sie bis heute stolz ist.

Einer ihrer Skipartner in jenen Tagen ist kein Geringerer als Carl Gustaf, heute König und damals Kronprinz von Schweden. Jedes Jahr zu Ostern fährt Pia mit ihrer Familie nach Storlien in Nordschweden, wo man die Skisaison verlängern kann, wenn in der Schweiz der Schnee schon taut. Auch der junge Carl Gustaf pflegt das Osterfest in Storlien zu verbringen, und auch er läuft begeistert Ski. Die Königsfamilie legt auf Volksnähe Wert: Der Thronfolger empfängt seine Bildung auf öffentlichen Schulen und Universitäten, wo er normalen Umgang mit seinen Schul- und Studienkameraden pflegt; und so hat auch niemand etwas dagegen, dass er in Gesellschaft eines bürgerlichen Mädchens Ski läuft.

Als Pia und der Kronprinz älter werden, bleibt es

selbstverständlich nicht aus, dass sich ihrer kameradschaftlichen Beziehung eine gewisse Spannung beimischt, vor allem seitens Carl Gustafs, dem das hübsche, sportliche und fröhliche Mädchen außerordentlich gut gefällt. Wer weiß, hätte Pia es darauf angelegt, sie hätte anstelle der Silvia Sommerlath in Drottningholm einziehen können. Doch Pia legt es nicht darauf an. Ein junges Mädchen wünscht sich einen Prinzen, und das ist Carl Gustaf in Pias Augen nicht, auch wenn er den Titel eines solchen führt. Sie mag den bescheidenen und freundlichen Jungen, doch er ist für sie ein Kumpel, eine Art großer Bruder, den sie seit ihrem fünften Lebensjahr kennt, allzu vertraut, allzu brav und bieder auch, als dass sie sich in ihn verlieben könnte. Pia ist damals genau in dem Alter, da man sich vom Leben etwas ganz Besonderes, Einzigartiges erträumt – und wer hätte besseren Grund zu hochfliegenden Träumen als dieses Mädchen? Sie ist schön, sie ist reich, sie ist vielseitig begabt und gebildet, sie beherrscht fließend mehrere Weltsprachen und läuft Ski wie eine junge Göttin. Mit einem Wort, sie ist die geborene Siegerin, der die Zukunft nur Erfolg und Glück bringen kann. Schwedens Königin zu werden, muss ihr als ein ärmliches Ziel erscheinen gegen das verheißungsvolle Potenzial, das diese Welt für sie bereithält.

Tatsächlich bietet ihr das Leben, noch bevor sie siebzehn wird, eine nicht alltägliche Chance, und es ist indirekt die Freundschaft mit Carl Gustaf, der sie diese Chance zu verdanken hat. Im Gesellschaftsteil einer schwedischen Zeitschrift erscheint ein Foto, das den Thronfolger beim Tanz mit einer jungen hübschen Blondine zeigt. Dieses Foto sieht der renommierte Filmregisseur Bo Widerberg, und wie das Leben so spielt, ist er just auf der Suche nach einer jungen hübschen Blondine. Er will die in Schweden sehr bekannte Geschichte der Elvira Madigan verfilmen, und die Hauptrolle will er möglichst jung besetzen, mit einer frischen, unverbrauchten Debütantin. Carl Gustafs schöne Tanzpartnerin ist ganz der Typ, der Widerberg vorschwebt, und so bittet er seinen Produzenten, herauszufinden, wer und wo sie ist, und ihr Probeaufnahmen anzutragen.

Der Produzent ruft Pia im Internat an, und dieser Anruf krempelt ihr Leben um. In einem Film spielen, richtig als Schauspielerin? Der Gedanke ist ihr nie gekommen. Damals hat sie noch das letzte Schuljahr vor sich, dann will sie in Genf Sprachen studieren und sich zur Dolmetscherin ausbilden lassen. Doch das Angebot des berühmten Mannes schmeichelt ihr und macht sie neugierig. Er will sie treffen? Schön, sie hat nichts dagegen. Er will Probeaufnahmen von ihr haben? Auch gut, sie kann es ja mal versuchen. Und dann bietet er ihr allen Ernstes die Hauptrolle in dem geplanten Film an. Sie ist für ihn die Auserwählte. Soll sie zusagen? Die Mutter ist strikt dagegen. Schauspielerei, das erscheint ihr anrüchig, gefährlich geradezu für ein so junges Mädchen. Der Vater nimmt die Sache lässig: Warum nicht? Soll sie doch spielen! Pia selbst ist zerrissen: Sie möchte schon, doch hat sie auch Angst vor dem Unbekannten. Endlich siegt die Verlockung, und nach hitzigen Debatten im Familienrat wird beschlossen: Pia spielt Elvira Madigan!

Sommer 1966

Der Film behandelt das Schicksal der dänischen Zirkusartistin Hedvig Jensen, die Ende des 19. Jahrhunderts unter dem Künstlernamen „Elvira Madigan“ als Kunstreiterin und Seiltänzerin Triumphe in ganz Europa feierte. Bei einem Gastspiel des Zirkus in Schweden sah sie der unglücklich verheiratete schwedische Leutnant Sixten Sparre, war auf der Stelle bezaubert von ihr und bestürmte sie mit flammenden Liebesbriefen. Hedvig erwiderte seine Gefühle, doch als Publikumsliebling durfte sie kein skandalöses Privatleben haben, und für den Leutnant kam eine reguläre Ehescheidung nicht infrage. Die Liebenden sahen keinen anderen Ausweg, als miteinander durchzubrennen, wobei sie offenbar kaum einen Gedanken an die Frage verschwendeten, wovon sie ihren Lebensunterhalt bestreiten sollten. Im Sommer 1889 irrte das Paar mehrere Wochen ziellos in Dänemark umher, bis seine finanziellen Mittel erschöpft waren. Dann erschoss der Leutnant in einem Wäldchen nahe Troense auf der dänischen Insel Tasinge seine Geliebte und sich selbst.

Der Vorfall erregte gewaltiges Aufsehen. Nur ein halbes Jahr zuvor hatte es in Österreich einen ähnlichen Skandal um den Tod des österreichischen Kronprinzen Rudolf und seiner Geliebten Mary Vetchera gegeben. Jetzt bekam auch Skandinavien seinen romantischen Liebestod. Als später gar noch der schwedische Dichter Johan Saxon die Geschichte zu einer eingängigen Ballade verwob, wurde sie endgültig zur skandinavischen Legende – der Legende von der gloriosen Amour fou, die alle Konventionen sprengt und nur im Tod Erfüllung findet. Noch heute wallfahren die Touristen in Scharen zum Doppelgrab der Liebenden in Landet auf Tasinge, und jede Frau, die dort heiratet, legt ihren Brautkranz auf Elvira Madigans Grab.

Wie alle Legenden hat sich auch diese mit der Zeit recht weit von ihrer Realitätsgrundlage entfernt. Wer hier nachhakt, wird enttäuscht sein. Namentlich Leutnant Sixten Sparre erscheint in den Aussagen der Zeitgenossen einfach als gewissenloser Schuldenmacher und windiger Patron, ganz als das Gegenteil des klugen und sensiblen Mannes, den Pias Filmpartner Thommy Berggren so sympathisch verkörpern wird. Auch die historische Hedvig Jensen hat mit Widerbergs Filmfigur wenig gemein. Sie war älter als Pia, Anfang Zwanzig, als sie starb; doch sie muss grenzenlos weltfremd und naiv gewesen sein, vermutlich bedingt durch ihr hermetisch abgeschlossenes Leben in der Zirkussphäre. Die wirkliche Geschichte des ungleichen Paares ist nicht weniger interessant als die Legende und wurde schon in mehreren Büchern ergründet; doch alle drei Verfilmungen, die es gibt, setzen ganz auf das romantische Liebesdrama.

Auch Bo Widerbergs Film von 1966, der bis heute als die schönste und sensibelste Adaption des Stoffes gilt, bildet in dieser Hinsicht keine Ausnahme. Das ist bemerkenswert, denn Bo Widerberg ist eher als Regisseur von realistisch harten Sozialdramen bekannt geworden. Sein erster Film „Kinderwagen" handelt von einer jungen Textilarbeiterin, die ungewollt schwanger wird, und „Das Rabenviertel" spielt im Elendsmilieu von Malmö während der 1930-er Jahre.

Filmästhetisch steht Widerberg in bissiger Opposition zu dem damals im schwedischen Film tonangebenden, ja schier allgegenwärtigen Ingmar Bergman, dessen bombastische Psychodramen er für überzogen und lebensfern hält. Bo Widerberg und sein Freund Jan Troell verstehen sich quasi als rebellische Söhne des Film-Übervaters Ingmar Bergman.

Vor diesem Hintergrund erscheint der romantisch abgehobene Elvira-Madigan-Stoff als eine sonderbare Wahl. Doch Widerberg hat eine große Bandbreite, und es wird sich zeigen, dass er auch im ungewohnten Genre Liebesfilm seinen Gestaltungsprinzipien treu bleibt.

Der Film, der nur die kurzen Wochen von der Flucht bis zum Tod des Paares thematisiert, entsteht im Sommer 1966: Juni, Juli und August. Was für ein Sommer! Pia spricht an sich nur ungern und immer etwas abfällig von der Zeit, die sie beim Film verbrachte. Bei jeder Gelegenheit betont sie, dass sie keine Schauspielerin sei und nie als solche habe arbeiten wollen. Doch diesen Sommer redet sie nicht klein. Er muss einfach traumhaft gewesen sein. Niemals, sagt sie, habe sie sich so geliebt und so geborgen gefühlt wie am Set von „Elvira Madigan", niemals ein solch nachtwandlerisches Zutrauen in die eigenen Fähigkeiten verspürt. In einer Szene verbindet die Heldin zwei Bäume mit einem Wäscheseil, klettert hoch und übt sich im Seiltanzen. Bo Widerberg lässt dafür eine Stuntfrau kommen, ausgebildete Artistin, doch die Dame weigert sich, auf einem Wäscheseil zu balancieren; sie ist an Stahlseile gewöhnt. Widerberg sagt: Pia, los! Du bist Skiläuferin, das kannst du selber machen! Und Pia schafft wirklich diese schwierige Übung, auch wenn sie vorher mindestens zehn Mal vom Seil fällt. Alles hätte sie geschafft in diesem Sommer. Ihr ist, als könnte sie „auf dem Wasser gehen" – so hat sie es zu mir gesagt, und so steht es auch in ihrem Buch zu lesen.

Das Team ist klein, man wird schnell miteinander vertraut und arbeitet einträchtig zusammen. Auf der südschwedischen Halbinsel Falsterbo werden die Außenaufnahmen gedreht, aus denen der größte Teil des Films besteht. Die Natur soll nach Widerbergs Intentionen die eigentliche Hauptrolle spielen, und er will sie in harmonischer Einheit mit den darin agierenden Menschen zeigen, so, wie sie ist, ohne künstliche Verstärkung und ohne die Bergmanschen Lichtexzesse, die man aus dem schwedischen Film gewohnt ist. Gedreht wird nur bei Tageslicht, und vielfach wird mit Gegenlichtaufnahmen, Kontrasten und Schattenspielen experimentiert. Es gibt auch kein festes Filmscript; die meisten Dialoge werden improvisiert oder gemeinsam mit den Darstellern entwickelt. Widerberg will die hochromantische Geschichte jedweder Stilisierung entkleiden, will sie lebensnah, fast dokumentarisch erzählen; doch was herauskommt, ist kein düsterer Realismus, sondern eine leichte Improvisation, die in hingetupft impressionistischen Bildern die Natur und die Liebe feiert. An den Abenden sitzt man beisammen und diskutiert angeregt über eine neue, realistische und moderne Filmsprache, die man erschaffen will, weit weg von den ausgetretenen Pfaden. Der Zuschauer soll durch die Leinwand hindurch hautnah den Duft der Blumenwiese riechen, die Süße der Walderdbeeren schmecken! Der lyrisch improvisierende Stil, den Bo Widerberg mit „Elvira Madigan“ kreiert, wird in den kommenden Jahren viele mehr oder weniger erfolgreiche Nachahmer unter den Regisseuren finden und die Filmproduktion Skandinaviens entscheidend mitprägen und verändern. In jenen lichten Sommertagen schreibt man Filmgeschichte. Und Pia ist dabei.

Man gratuliert Widerberg zu seiner Entdeckung: Pia sieht nicht nur hinreißend schön aus, sie wirkt auch über ihre Jahre reif und agiert mit einer ganz erstaunlichen Natürlichkeit vor der Kamera. Von Widerberg sensibel geführt, entwickelt sie fern jeder Sentimentalität eine fragile und anrührende Filmfigur. Ein Kritiker wird sie als „Mädchentraum" bezeichnen; und tatsächlich geht von ihrer Darstellung etwas sonderbar Entrücktes, Traumverlorenes aus, so als wäre diese Hedvig/Elvira in der wirklichen Welt nie ganz angekommen. Im Englischen gibt es den Ausdruck „womanchild", der die kurze Phase charakterisiert, in der ein junges Mädchen zur Frau erblüht, wie eine Knospe, die sich langsam öffnet. In genau dieser Phase trifft der Film Pia an.

Selbstverständlich verliebt sie sich auch, und selbstverständlich in ihren Filmpartner. Das gehört zu diesem Sommer – das gehört zu diesem Film. Thommy Berggren, zwölf Jahre älter als Pia, ist Bo Widerbergs bevorzugter Hauptdarsteller und jenseits der Filmarbeit auch ein erfolgreicher Theaterschauspieler in Stockholm. Schon auf der Pressekonferenz, wo sie ihn kennenlernt, verliebt sich Pia Hals über Kopf in ihn, und dass sie ihn für die Filmaufnahmen ganz offiziell küssen darf, ist für die Sechzehnjährige ein tolles Erlebnis. Auch er ist, obwohl ein verheirateter Mann, von seiner blutjungen Filmpartnerin fasziniert, und so setzen die zwei nahtlos nach Drehschluss fort, was sie vor der Kamera begonnen haben. Für Pia ist es die erste Liebe, und wenn auch, wie beide Partner wohl wissen, dieser Liebe keine Zukunft beschieden ist, so steht doch zu vermuten, dass die Beziehung zu dem berühmten, geistig überlegenen, charmanten und lebenserfahrenen Mann der Sechzehnjährigen sehr viel bedeutet und ein Gutteil zu der Euphorie beiträgt, die sie in jenen Tagen erfüllt. Man weiß, wie frisch verliebte Frauen, selbst unscheinbare, an Schönheit gewinnen; es ist, als ob sie von innen her leuchten. In diesem Sommer leuchtet Pia. Alles erlebt sie mit höchster Intensität, alles kommt zusammen, um sie glücklich zu machen: die schöpferische Arbeit am Set. Die Bewunderung und Wärme, die man ihr entgegenbringt. Die herrliche Naturkulisse. Die langen Nächte in den Bars, wo eine unbekümmerte Truppe von jungen Leuten trinkt und flirtet. Die kleinen Höhen und Tiefen der Liebe. Und am Ende steht ein Film, der einem Bernstein gleich diesen Sommer einfängt und für immer konserviert: Pia im Glanz ihrer Mädchenschönheit, ihrer Begabung, ihrer ersten Liebe – Pia auf dem Zenit ihres Lebens.

Glanz und Elend des allzu frühen Starruhms

„Elvira Madigan", in Schweden und auch anderswo als wichtiger Klassiker angesehen, ist in Deutschland völlig vergessen. Meines Wissens wurde der Film seit Jahrzehnten weder im Fernsehen noch im filmhistorischen Programmkino gespielt. Zu einem Gutteil liegt das vermutlich an dem dümmlichen bundesdeutschen Verleihtitel „Das Ende einer großen Liebe". Ein solcher Titel muss unvermeidlich das Erwartungsbild des Zuschauers in Richtung Rosamunde Pilcher lenken und auf jeden auch nur halbwegs intelligenten Menschen abschreckend wirken.

Allein der Soundtrack grub sich in das kollektive Gedächtnis der Deutschen ein: Bo Widerberg hatte als Grundmotiv den zweiten Satz von Mozarts 21. Klavierkonzert verwandt, ein Stück von schwereloser Melancholie und Entrücktheit, das sowohl das Sommeridyll der Liebenden als auch dessen Vergänglichkeit musikalisch so adäquat zum Ausdruck bringt, als hätte Mozart es eigens für den Film komponiert. Den Zuschauern gefiel das Motiv; in den Plattenläden fragten sie gezielt nach diesem einen Stück. Daraufhin wurde, um die Suche zu erleichtern und die unverhoffte Mozart-Werbung zu forcieren, dem 21. Klavierkonzert kurzerhand der Beiname „Elvira Madigan" gegeben. Noch heute kann man in der Betitelung einiger Aufnahmen diesen Beinamen lesen, obwohl kein Mensch mehr weiß, was er bedeutet.

In der DDR, wo ich aufwuchs, wurde „Elvira Madigan" in einer eigenen Synchronfassung und gottlob unter

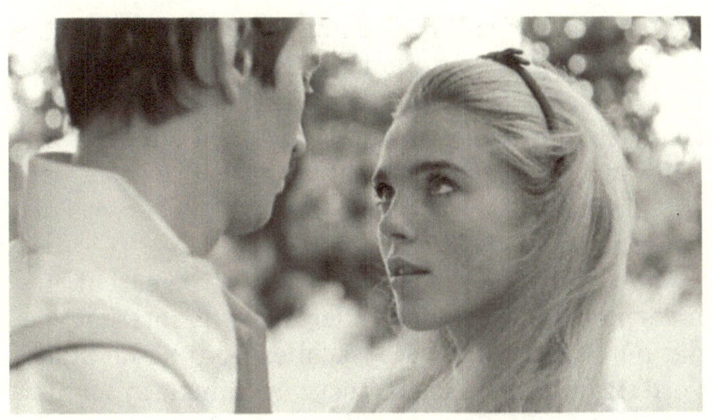

Pias Filme
1. Elvira Madigan, Schweden 1967, Regie Bo Widerberg, Filmpartner Tommy Berggren

dem Originaltitel gespielt. Auch ich habe damals, gerade fünfzehnjährig, im Kino gesessen und mit schmachtenden Augen zu dem wunderschönen Mädchen auf der Leinwand emporgesehen wie eine kleine graue Raupe zum Schmetterling. Hätte mir jemand prophezeit, dass ich diesen Engel einst persönlich kennen lernen und interviewen würde, ich wäre mehr als erstaunt gewesen. Pia erschien mir wie ein Wesen aus einer höheren, gleichsam irrealen Welt, nicht weil ich sie mit ihrer Filmfigur gleichsetzte, sondern weil sie in meinen Augen ein Star war, eine berühmte, vielbewunderte Schauspielerin, deren Schritte Tag und Nacht von Blitzlichtgewittern begleitet waren und deren Alltag sich aus einer Kette von rauschenden Parties, Sektempfängen, überfüllten Pressekonferenzen und Fernsehinterviews zusammensetzte.

Heute weiß ich, dass dieses Klischee auf Pia zeitweise sogar zutrifft – kaum ein Jungstar wird damals von den Medien so hofiert und so vereinnahmt wie sie –, aber ich weiß auch, was für einen furchtbaren Preis sie diesen Ruhm gezahlt hat. Gerade diese Zeit, da ihr Film um die Welt geht und Millionen Zuschauer wie ich mit schmachtenden Augen zu ihrem Abbild auf der Kinoleinwand emporsehen, erlebt die reale Pia Degermark als ein schwerkrankes, unglückliches Mädchen, das sich kaum zu helfen weiß.

Im August 1966 ist „Elvira Madigan" abgedreht, und im September fängt für Pia der Alltag im Internat wieder an. Nicht mal für die Nachbearbeitung im Studio wird sie freigestellt; man muss ihre Stimme synchronisieren. Der Wundersommer ist für immer vorbei, alle Gefühle und Entdeckungen erloschen, die er ihr bereitet hat, und was bleibt, ist ein gewaltiger Katzenjammer. So hoch Pia geflogen ist, so hart schlägt sie jetzt am Boden auf. Für einen Sommer war sie ein erlesenes, auserwähltes Geschöpf. Jetzt trabt sie wieder als gewöhnliches Mädchen in der Herde mit, und keinem kann sie sagen, was ihr geschehen ist. Das Internat, dessen striktes Reglement sie geliebt hat, erscheint ihr plötzlich als Gefängnis, so wie ihr später das Gefängnis als Internat erscheinen wird. Und wenn sie daheim ist, empfindet sie mit Frösteln die formvollendet liebeleere Atmosphäre in ihrem Elternhaus.

Im Winter verändert sich Pias Wesen. Auf einmal fühlt sie sich zu dick. Bo Widerberg sagte einmal zu ihr, sie hätte „Beine wie ein Ringer" – vielleicht genau an jenem Tag, als sie so bravourös auf dem Seil getanzt hat. Natürlich meinte er das im Scherz, doch das Wort ist bei Pia hängen geblieben – schlank muss sie werden, gertenschlank. Sie mag kaum noch etwas essen, magert bis zum Gerippe ab und reagiert mit Panikattacken, wenn eine Gewichtszunahme droht. Diagnose: Anorexie – die Geisel wohlerzogener junger Mädchen im Zeitalter des Schlankheitswahns.

Wo kommt so plötzlich diese Krankheit her? Pia ist nicht um Erklärungen verlegen, und was sie sagt, klingt wie aus dem psychologischen Lehrbuch. Da ist zunächst mal die Vererbung der Disposition: Sowohl Pias Mutter als auch ihre Großmutter mütterlicherseits waren gleichfalls anorektisch veranlagt. Noch schwerer fallen Faktoren wie Erziehung oder familiäres Umfeld ins Gewicht, und Pias Elternhaus ist dafür nachgerade prototypisch: die äußerlich makellose Vorzeigefamilie, die allergrößtes Gewicht auf die Fassade und das Urteil der Nachbarn legt; der zahlungskräftige Vater, der seine Kinder auf die besten Schulen schickt und dafür höchste Leistungen von ihnen verlangt; vor allem aber die Mutter, die sich die perfekte Tochter wünscht und in diesem Sinne ständig an ihr arbeitet. Als ein Reporter sie später fragt: „Wie war Pia als Kind?", antwortet sie medienwirksam sentenziös: „Pia war nie ein Kind" – ein Satz, der mehr über die Mutter aussagt als über die Tochter.

Einer Kindheitsepisode kommt in Pias Augen besondere Bedeutung zu: Als sie sieben ist, findet ihre Mutter sie zu pummelig und steckt sie kurzerhand in eine Kinderklinik, damit sie unter Diät ein paar Kilo abnimmt. Sechs Wochen lebt Pia in dieser Klinik, zusammen mit Kindern, die ernsthaft krank sind, Kindern mit Blutkrebs, Kindern mit Tumoren, Kindern, die Chemotherapie bekommen und sich sterbenselend fühlen. In mehreren Fällen muss Pia erleben, wie ein Kind, mit dem sie sich angefreundet hatte, über Nacht von der Station verschwindet und nie wiederkommt – und das alles für nichts und wieder nichts, nur um den Perfektionswahn ihrer Mutter zu befriedigen, denn in Wahrheit ist Pia natürlich überhaupt nicht pummelig.

Soweit die Version, die sie mir erzählt hat. In ihrem Erinnerungsbuch dagegen stellt Pia interessanterweise die Episode ganz anders dar, nämlich als einen frühen

Anorexieanfall: Hier ist es die Siebenjährige selbst, die sich zu pummlig und zu hässlich findet, die deswegen furchtbare Komplexe entwickelt und ihre Mutter so lange nervt, bis diese einer Diät zustimmt. Schon damals, schreibt Pia, hatte sie das Gefühl, dass sie nur dann geliebt wird, wenn sie schön und schlank ist, und schon damals wollte sie mit der ersehnten Diät ihre kindliche Einsamkeit kompensieren.

Gewiss hat indirekt auch in dieser Version die Mutter eine Mitschuld an der Krankheit des Kindes, hat zumindest grundfalsch darauf reagiert. Doch der Perfektionswahn, den Pia ihr vorwirft, findet sein Echo schon sehr früh in ihr selbst. Kein Wunder, dass sie an der Schwelle des Erwachsenenalters erneut vom Wahn des Abnehmens erfasst wird. Vielleicht hätte sie in jedem Fall mit Anorexie auf die Probleme des Lebens reagiert. Und doch kann es kein Zufall sein, dass die Krankheit gerade jetzt ausbricht, nach diesem Sommer des Erwachsenwerdens, nach der Begegnung mit einer völlig anderen Welt. Es ist offenbar vor allem diese Begegnung, die Pia nicht verarbeiten kann. Auf einmal scheint der bürgerlich geradlinige Weg, der ihr vorgezeichnet war, in eine fremde Richtung abzudriften, wie ein Billardball, der durch einen unverhofften Stoß aus seiner Bahn getrieben wird.

Schon hat Pia aufgehört, die fröhliche Siegerin zu sein, der alles, was sie anpackt, gelingt. Als „Elvira Madigan" ins Kino kommt, wiegt sie nur noch 33 Kilo und ist ein einziges Nervenbündel, denn zur Anorexie gesellt sich noch das Phänomen der Hyperaktivität, das Pia in ewiger Unruhe hält. „Elvira Madigan" schlägt ein in Schweden. Die Kritiker überbieten einander mit überschwänglichen Lobeshymnen, doch Pia kämpft mit ihrem Körper und bekommt das gar nicht mit. Sie hat keine Ahnung, dass sie mittlerweile eine landesweite

Berühmtheit ist. Und nicht nur landesweit – „Elvira Madigan" wird auch international ein großer Erfolg und erhält verschiedene renommierte Preise beziehungsweise Nominierungen. Die Filmwelt schwärmt von der schwedischen Debütantin, die schon in ihrer ersten Rolle so viel Ausstrahlung und Starqualität beweist. Für die Experten ist klar, das wird die nächste Ingrid Bergman, die nächste Zarah Leander, die nächste Greta Garbo!

Eines Tages im Frühjahr 1967 ruft Bo Widerberg in heller Aufregung aus Cannes an, wo „Elvira Madigan" als schwedischer Beitrag bei den Filmfestspielen läuft: Pia, du musst sofort herkommen, die geben dir die Goldene Palme als beste Darstellerin! Das ist eine Sensation, die selbst die gestrenge Schulleitung beeindruckt: Noch nie hat eine Schauspielerin aus Schweden diesen Preis erhalten, schon gar nicht gleich für ihre erste Rolle. Aber Pia kann sich nicht freuen, und sie weigert sich, nach Cannes zu reisen. Zu diesem Zeitpunkt ist sie nur noch auf die Zustände ihres Körpers fixiert und mag nichts unternehmen, was sie aus dieser Fixierung herausreißen könnte. Mit größter Mühe gelingt es den „Erwachsenen", das kranke Mädchen zu überreden und für die Reise zu präparieren. Dann fährt sie widerstrebend nach Cannes und nimmt ihren Darstellerpreis in Empfang.

Soweit Pias eigene Darstellung, die natürlich mit Vorsicht zu genießen ist als eine Darstellung im Nachhinein, ein Blick zurück im Zorn auf ihre verunglückte Karriere als Schauspielerin, von der sie heute nichts mehr wissen will. Das Internet bietet eine Menge Bilder zum Filmfestival von Cannes im Jahre 1967, die diese Darstellung bis zu einem gewissen Grade widerlegen. Da sieht man Pia Arm in Arm mit Thommy Berggren und Bo Widerberg vor einem Sonnenschirm mit dem Elvira-Madigan-Logo, Pia strahlend in einem Pulk von

Paparazzi, Pia im Gespräch mit großen Filmstars, die ihr die Hand küssen und Komplimente drechseln. Es sind Bilder, wie man sie auch jetzt alljährlich in den einschlägigen Fernsehberichten von der Cote d'Azur bewundern kann, und Pia fügt sich nahtlos ein in diese schrille Glamourwelt der Schönen und Berühmten: eine junge schwedische Blondine mit bombastischer Turmfrisur, aufgeputzt im Stil der 1960er Jahre, sehr hübsch zweifellos, aber fern von jener beseelten und zerbrechlichen Schönheit, die sie in Widerbergs Film ausstrahlt.

Später im selben Jahr geht das Dreiergespann – also Widerberg, Thommy Berggren und Pia – in den Vereinigten Staaten auf Promotiontour. Das Aufsehen ist ungeheuer: Überall werden die drei mit Blumen und Geschenken überhäuft. Sie geben Pressekonferenzen. Sie essen bei Prominenten zu Abend. Und im Mittelpunkt steht immer Pia, die selbst ihrem eigentlich viel berühmteren Filmpartner Thommy Berggren die Schau stiehlt. In ihrem Buch erzählt sie nicht ohne Stolz, wie Mel Ferrer in seiner Nobelkarosse mit ihr über den Coconut Drive fuhr, wie Ann-Margaret sie zur Cocktailparty einlud, wie Ingrid Bergman ihr einen Nerzmantel schenkte; und wenn sie heute auch erklärt, dass der Rummel, der auf internationalem Parkett um ihre Person veranstaltet wurde, ihr nichts bedeutet und sie nicht beeinflusst hätte, so sieht es doch so aus, als hätte sie das mit siebzehn etwas anders empfunden. Bei ihrer Jugend wäre es fast unnatürlich, wenn ihr der frühe Starruhm nicht zu Kopfe stiege und nicht trügerische Illusionen in ihr weckte. Wie sollte sie auch ahnen, dass sie gerade den Höhepunkt ihrer Karriere erlebt. Sie muss denken, sie hätte den Durchbruch geschafft, und es werde jetzt immer so weitergehen: lukrative Angebote, leichte Erfolge, überschwängliche Kritiken.

Was die Anorexie betrifft, ist sogar denkbar, dass der

Erfolg auf ihr angeschlagenes Selbstwertgefühl therapeutisch wirkt oder zumindest den Willen zur Genesung in ihr weckt. Ohnehin hat der Schularzt schon ein Machtwort gesprochen: Pia wird zum Abitur nur dann zugelassen, wenn sie mindestens fünfzig Kilo wiegt. Das empfindet sie zwar als abstoßend fett, doch ihr liegt daran, das Abitur abzulegen, und ihr liegt daran, wieder ein halbwegs normales und gesundes junges Mädchen zu werden. Schließlich sieht sie sich vor einer glänzenden Laufbahn: Sie wird mit Filmangeboten überhäuft, schon hat Hollywood an ihre Tür geklopft, sie kann es sich nicht leisten, krank zu sein. Ihre Eltern schicken sie den Sommer über in die USA, wo ihr Patenonkel lebt. Der nimmt sie auf, päppelt sie mit leckeren Speisen. Als das kaum etwas hilft, informiert sie sich in Stockholm über die Möglichkeiten einer Psychotherapie. Sie hat Glück und gerät an eine Therapeutin, die ihr helfen kann. Schon nach wenigen Wochen hat sie die gewünschten fünfzig Kilo auf den Rippen und legt ein ausgezeichnetes Abitur ab. Doch von weiterer Ausbildung und Studium ist keine Rede mehr. Stattdessen stürzt sich Pia ungesäumt ins internationale Filmgeschäft.

Im Nachhinein erscheint das als fataler Fehler – aus meiner Sicht sogar als der Kardinalfehler, der Pia langfristig zum Verhängnis wird. Indem sie sich auf das schnelle Geld und den großen Hollywoodruhm orientiert, verspielt sie nicht nur auf das Leichtfertigste den Elvira-Madigan-Bonus, der ihr als Gottesgeschenk in den Schoß fiel, sie verspielt auch die Chance, sich zu einer ernsthaften Schauspielerin zu entwickeln.

Mit Pia selbst ist darüber kaum zu reden – sie weist brüsk alles von sich, was mit ihrer früheren Filmarbeit zu tun hat. Nie sei das ihr Ding gewesen, nur um Geld zu verdienen, habe sie diese blöden Filme gedreht. „Ich bin keine Schauspielerin“, ist der Satz, den sie im Interview am häufigsten und nachdrücklichsten wiederholt. Nun ist schauspielerisches Talent schwer zu fassen, besonders wenn es, wie in diesem Fall, nie zur vollen Entfaltung gelangen konnte. Trotzdem bin ich überzeugt, dass aus Pia eine der ersten Schauspielerinnen Schwedens hätte werden können. Alles war ihr gegeben: ein ausdrucksvolles Gesicht – „indiarubber face", wie es William Somerset Maugham nennt –, eine interessante Stimme, Persönlichkeit, Präsenz, Intuition... Wie sie sich unter Widerbergs Führung von der irdisch-handfesten Sportskanone Pia in die fragile Elvira Madigan verwandelt, zeugt von bewundernswertem Einfühlungsvermögen; und was das reine Handwerk angeht, die Technik des Sprechens und Agierens, so wäre eine gute Schauspielausbildung bei der intelligenten und sensiblen Pia sicher auf fruchtbaren Boden gefallen.

Doch Pia erwägt keine Schauspielausbildung. Sie hat Schauspielerei als etwas erlebt, was sie aus dem Stand beherrscht und was ihr bei wenig Mühe viel Erfolg beschert. Als Arbeit, als Kunst nimmt sie das Darstellen nicht für voll – ein verzeihlicher Irrtum bei einem völlig unerfahrenen jungen Mädchen, das von der Welt schon mit siebzehn Jahren lautstark zum Filmstar ausgerufen wurde. Doch dieser Irrtum bewirkt, dass sie sich irgendwann tatsächlich als Schauspielerin disqualifiziert.

Ein weiterer Irrtum ist Pias Orientierung auf das Ausland. Sie hat einfach nicht verstanden, wie eng in „Elvira Madigan" ihre eigene Leistung an die des Filmteams um Bo Widerberg gebunden war – wie gut sie von ihm geführt worden ist und wie viel die Faszination des Films mit seinen schwedischen Wurzeln zu tun hat. Keinen Augenblick kommt ihr der Gedanke, den Weg weiterzuverfolgen, auf den ihr Zufallsdebüt sie lenkte. Bo Widerberg hatte ihr die Jungmädchenrolle in seinem nächsten geplanten Film „Ådalen 31" angeboten, und sie hatte ihm zunächst auch zugesagt. Doch plötzlich spielt sie in einer höheren Liga. Sie wird in den Stall der renommierten William Morris Agency aufgenommen. Ihr Agent ist kein Geringerer als Howard Minsky, der es später als Produzent der schmalzigen „Love Story“ zu weltweitem Ruhm und einer goldenen Nase bringen wird. Aber vorerst arbeitet er noch als Talentscout bei William Morris, und jeder Schauspieler darf sich geehrt fühlen, wenn er von ihm vertreten wird.

Natürlich spricht sich Minsky gegen eine erneute Zusammenarbeit mit Bo Widerberg aus; schließlich kann Pia unter weitaus lukrativeren Angeboten wählen. Also zieht Pia mit der Sorglosigkeit der Jugend ihre Zusage an Widerberg wieder zurück. Was tut's, dass sie den Mann vor den Kopf stößt und sich den Weg zu ihm für immer verbaut? Sie hat anderswo genügend Verehrer. Auch thematisch reizt Widerbergs Film sie wenig. „Ådalen 31“ behandelt ein finsteres Kapitel aus der schwedischen Geschichte: Im Frühjahr 1931 ließ die Regierung im nordschwedischen Ådalen auf demonstrierende Arbeiter schießen, die einen Streik unterstützen wollten.

Verständlich, dass dieser spröde Stoff einem verwöhnten Mädchen aus der Großbürgerklasse nicht sonderlich zusagt. Aber ist es bei dem Angebot denn nur um diesen einen Film gegangen?

„Du hättest die Rolle annehmen sollen“, sage ich zu Pia, „schon aus Dankbarkeit.“

„Dankbarkeit!“, ruft Pia entrüstet. „Bo sollte eher mir dankbar sein! Weißt du, was ich damals bekommen habe für Elvira Madigan?“ Und sie nennt eine in der Tat lächerlich geringe Summe: siebentausend schwedische Kronen; das sind nach aktuellem Umrechnungskurs (2017) etwa siebenhundert Euro.

Ich bin verblüfft – hätte es in meinem Leben einen solchen Film gegeben, nach der Gage hätte ich zuallerletzt gefragt.

„Aber Pia", setze ich an, „du hast viel mehr bekommen..."

Pia winkt ab – klar doch, sie weiß, was ich meine. Aber Dankbarkeit...? Es stellt sich heraus, dass sie gegen ihren einstigen Entdecker sogar Groll hegt, dass sie ihn bis zu einem gewissen Grade für mitschuldig an ihren Fehlschlägen hält; und bis zu einem gewissen Grade hat sie da unbestreitbar Recht. Widerberg hat ein sechzehnjähriges Mädchen herausgerissen aus dem bürgerlichen Leben und damit verdorben für das bürgerliche Leben. Er hat Pia auf ein Podest gehoben und nicht gefragt, wie sie da je wieder herunterkommt. Er hat der Billardkugel den Stoß verpasst, der sie aus der vorberechneten Bahn trieb und in eine gefährliche Richtung lenkte. Ein Regisseur ist für ein so junges Mädchen, ein halbes Kind noch, wie eine Vaterfigur, besonders für Pia, deren leiblicher Vater so oft in Abwesenheit verharrte. Dieser ersatzväterlichen Verantwortung ist Widerberg nicht gerecht geworden, und eines Tages hat ihm Pia das auch an den Kopf geworfen – allerdings erst viele Jahre später, in einer Zeit, als „Elvira Madigan" längst nicht mehr der Glückstreffer ihres Lebens, sondern nur noch eine Quelle ihrer Leiden war. Und Widerberg, so berichtet Pia, hätte sie um Verzeihung gebeten – so prompt, so reuevoll wie jemand, der sich innerlich schon lange schuldig fühlt.

Trotzdem: Nicht aus Groll gegen Widerberg lehnt Pia sein Rollenangebot ab. Dieser Groll wird sich, ähnlich wie ihre Aversion gegen das Filmgeschäft, erst später aufbauen, nach ihrem Scheitern. Vorerst ist noch alles offen, und Pia steht an einem Scheideweg: Sie hat die Wahl zwischen Schweden und Hollywood, zwischen Programmkino und Mainstream, zwischen Idealismus und Materialismus – im konkreten Fall: zwischen einer lausig bezahlten Ensemblerolle in Widerbergs Sozialdrama über streikende Arbeiter und der weiblichen Starrolle in einem britischen Agententhriller mit internationaler Besetzung, die ihr für wenige Wochen Arbeit fast eine Million schwedische Kronen einbringt und nebenbei noch die Gelegenheit bietet, an der Seite von Christopher Jones zu spielen, einem umwerfend gut aussehenden Typen. Keine Frage, welches Angebot stärker lockt, welcher der beiden Filme eine junge Schauspielkarriere besser vorantreibt.

Doch in Kenntnis des Resultats stellt sich die Frage, ob Pias Wahl tatsächlich so klug war – ob in ihrem Fall der scheinbar brotlos-idealistische Weg nicht im Endeffekt auch materiell der einträglichere gewesen wäre. „Ådalen 31" hätte ihr zwar wenig Geld, aber dafür wiederum internationale Aufmerksamkeit eingebracht, denn auch mit diesem Film war Schweden beim Filmfestival von Cannes vertreten. Pia hätte dauerhaft zu Widerbergs Team gehören können, einem der besten und am höchsten geachteten des schwedischen, ja des europäischen Films. Natürlich hätte sie nicht immer nur Traumrollen zu spielen bekommen, und die Hypothek der „Elvira Madigan" hätte in jedem Fall schwer auf ihr gelastet. Doch sie hätte in Schweden eine Basis, eine künstlerische Heimat gehabt, wo sie hätte wurzeln und wachsen und reifen und später vielleicht auch international die schönsten Blüten hätte treiben können.

Am besten lässt sich das verdeutlichen, wenn man Pia mit Thommy Berggren, ihrem ersten Filmpartner und Liebhaber vergleicht. Die beiden, die übrigens bis heute gut befreundet geblieben sind, haben sich so polar verschieden entwickelt, dass die Konstellation fast romanhaft erscheint. Thommy Berggren wuchs auf in einem proletarischen Milieu, er war Seemann, Händler und Fabrikarbeiter, bis er die Schauspielkunst für sich entdeckte als eine höhere Welt, zu der er aufblicken konnte; und er arbeitete hart, um Eingang in diese Welt zu finden. Neben seinem Broterwerb absolvierte er einen Schauspielkurs, besuchte Kino- und Theatervorstellungen, studierte die Werke der Weltliteratur. Endlich gelang es ihm, in das Ensemble des Stadttheaters Göteborg aufgenommen zu werden. Sein Talent wurde entdeckt; er wechselte früh ans Staatliche Theater Stockholm, dem er jahrzehntelang bis zu seiner Berentung als Schauspieler und Regisseur verbunden blieb.

Daneben filmte er viel, vor allem unter der Regie von Bo Widerberg, dessen bevorzugter Darsteller er war. Ein einziges Mal drehten die beiden in Hollywood: „Joe Hill", die Geschichte eines schwedischen Auswanderers, der zu einem Führer der US-amerikanischen Arbeiterbewegung wurde. Ansonsten hat es Thommy Berggren immer abgelehnt, im Ausland zu spielen, und sich auch durch lukrativste Angebote nicht dazu bewegen lassen, eine Rolle anzunehmen, hinter der er künstlerisch nicht stehen konnte. Und er ist mit dieser Haltung zu einem der bedeutendsten Schauspieler Schwedens geworden.

Er hat es schwerer gehabt als Pia – und demzufolge als Künstler viel leichter. Seine proletarische Herkunft ließ ihm die Welt der Kunst als etwas Kostbares erscheinen. Sein hart erkämpfter Aufstieg schärfte in ihm den Sinn für soziale Widersprüche. Und sein Patriotismus als Schwede gab ihm Bodenständigkeit. Pia, die wurzellose Kosmopolitin, desinteressiert an Politik und verwöhnt vom mühelosen Erfolg, hatte weder die Motivation noch den Willen, sich als Künstlerin zu entfalten.

Übrigens war eines der nächsten Projekte Thommy Berggrens nach „Elvira Madigan" die Rolle des Dieners Jean in einer Fernsehadaption von Strindbergs „Fräulein Julie". Ein Jammer, dass ihm Pia nicht als Partnerin zur Verfügung stand – die beiden hätten das perfekte Abbild ihrer realen Beziehung gespielt – natürlich nicht, was die die konkrete Geschichte angeht; aber rein sozial gesehen ist Pia wahrhaftig ein Fräulein Julie, und Thommy ist ein Diener Jean: Hier der Underdog mit dem brennenden Ehrgeiz nach gesellschaftlichem Aufstieg, dort das herrschaftliche Mädchen, so hoch gestellt, dass es nur noch fallen kann. Pia hat mit siebzehn Jahren, ohne sich je etwas erkämpfen zu müssen, den Gipfel schauspielerischen Glanzes erreicht. Was folgt, kann nur noch ein Abstieg sein.

Im Ausland

Drei Filme dreht Pia in Westeuropa. „The Looking Glass War", im deutschen Kino unter dem Titel „Krieg im Spiegel" verliehen, ist eine britisch-amerikanische Großproduktion, die ganz auf Nummer Sicher geht. Die Vorlage stammt von John Le Carré, einem bis heute viel gelesenen und verfilmten Krimiautor, die Besetzung wird aus teuren Stars rekrutiert, und die Story enthält alle Zutaten, die bei einem breiten Publikum ankommen: Intrigen und Romantik, Spionage und auch Spionagekritik, einen jungen Helden, der geopfert wird, und selbstverständlich eine Liebesgeschichte. Die erlebt der junge Held mit Pia, und zwar jenseits des eisernen Vorhangs in „Ostdeutschland", wie die DDR hier heißt, wo er in hochgeheimer Mission Raketen ausspionieren soll. Pias Rolle ist ziemlich klein – der Film läuft mehr als eine Stunde, bevor sie überhaupt in Erscheinung tritt –, aber durchaus ein Hingucker in diesem männerdominierten Film. Soweit geht das Kalkül auf, das Pia und ihren famosen Agenten bei der Wahl dieser Rolle geleitet hat; doch es geht nicht auf, was den Film selbst betrifft. Der ist zwar im ersten Teil nicht uninteressant und lässt sich heute noch gut ansehen, solange es um die Konflikte innerhalb der Geheimdienstgruppe geht. Doch wenn der Held dann durch den Stacheldraht kriecht und in „Ostdeutschland" spioniert, stimmt nichts mehr. Wie so oft in den Agentenfilmen jener Jahre wird den Filmschöpfern die völlige Unkenntnis des Lebens in den kommunistisch regierten Ländern zum Verhängnis. Die DDR ist hier ein nebulöses Niemandsland, der Handlungsverlauf jeder Logik bar und das Mädchen, das den Helden

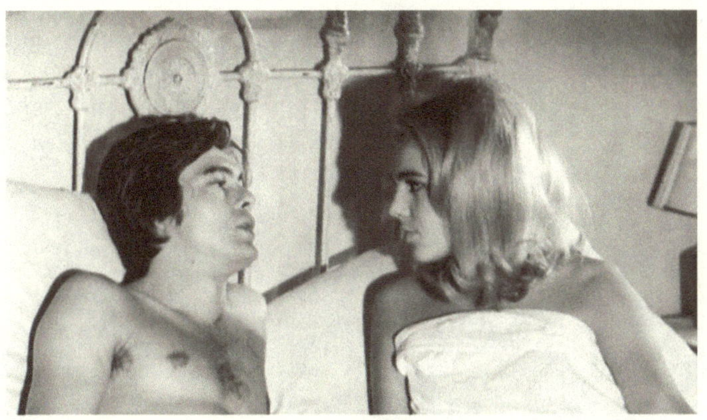

Pias Filme
2. The Looking Glass War (Krieg im Spiegel), Großbritannien 1969, Regie Frank Pierson, Filmpartner Christopher Jones

liebt, ein Geschöpf ohne Hintergrund und Motivation. Hier gibt es für Pia nichts zu spielen. Sie hat nur hübsch auszusehen und sich zu dem Helden ins Bett zu legen.

Bemerkenswert ist auch diesmal ihr Partner: Christopher Jones, heute weitgehend vergessen, wird damals als aufstrebender Jungstar, sogar als James-Dean-Nachfolger gehandelt. Seine männliche Schönheit ist das Pfund, mit dem er wuchert. Auch in „The Looking Glass War“ sieht er erstaunlich gut aus. Er wirkt wie ein Model, das sich in den Kalten Krieg verirrt hat, und so spielt er leider auch. Nichtsdestotrotz kommt er gut an bei der Damenwelt. Noch heute lässt sich im Internet sein reges Liebesleben nachvollziehen, das Ende der 1960er Jahre die bunten Blätter der Klatschpresse füllt. Christopher Jones ist zunächst verheiratet mit Susan Strasberg, der Tochter des berühmten Schauspiellehrers Lee Strasberg. Doch das Eheglück hält nicht lange vor, und nach der Scheidung fängt Jones eine Affäre mit Pamela Courson an, der Langzeitfreundin von Jim Mor-

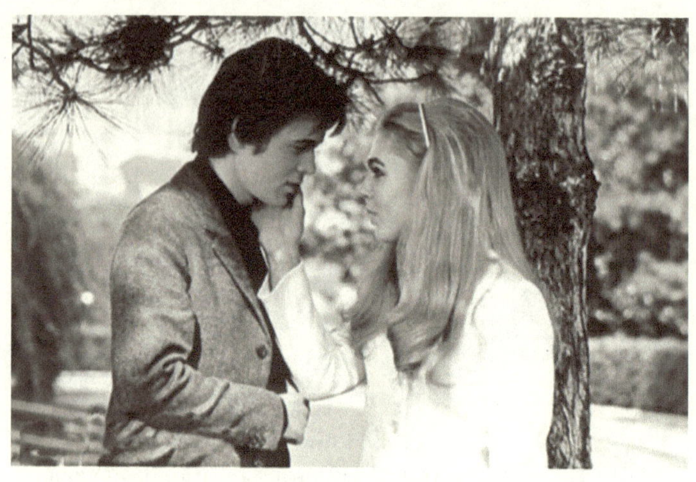

Pias Filme
3. Una Breve Stagione (Kurze Saison), Italien 1969, Regie Renato Castellani, Filmpartner Christopher Jones

rison. Als sie herausfindet, dass sich Jones noch immer mit seiner Exfrau trifft, macht sie ihm eine wütende Szene direkt am Set von „The Looking Glass War“. Darauf verschwindet Pamela aus Christophers Leben und wird prompt durch die blonde Schwedin Pia Degermark ersetzt, seine Partnerin aus „The Looking Glass War“, bekannt aus dem Erfolgsfilm „Elvira Madigan“ - das wird stets dazugeschrieben, wenn von Pia die Rede ist.

Nun ist sie also die Frau an Christophers Seite. Die Jungverliebten haben große Pläne: Sie wollen weitere gemeinsame Filme drehen. In Italien bietet sich dafür eine erste Gelegenheit: Der namhafte Produzent Dino De Laurentiis gibt ihnen die Hauptrollen in seinem Film „Una breve stagione“ („Brief Season“), einer Liebesgeschichte mit Krimieinschlag: Junger Amerikaner lernt in Rom bezaubernde Schwedin kennen und lässt sich, um ihr zu imponieren, auf krumme Börsengeschäfte ein. Dann gibt es versehentlich einen Toten, und das junge Paar muss fliehen.

Auch diesmal nimmt die Klatschpresse an den Dreharbeiten regen Anteil. Der Leser erfährt markante Details aus dem Leben der jeunesse dorée: wie Pia sich freut, dass sie in ihrer aktuellen Rolle auch Ski laufen darf. Was Christopher von seinem neuen Ferrari hält. Wo das Paar die Wochenenden verbringt. Doch auch hier gibt es bald Ärger im Paradies: Christopher Jones mag das Drehbuch nicht, er ist frustriert, schnauzt alle Leute an, auch Pia, seine Lebens- und Filmpartnerin. Womöglich schwant ihm zu diesem Zeitpunkt schon, dass es mit der James-Dean-Nachfolge nichts wird, so wie auch Pia langsam schwanen muss, dass es mit der Ingrid-Bergman-Nachfolge nichts wird. In ihren Memoiren – die im Hinblick auf Männerbeziehungen sehr diskret sind – lässt Pia von Zerwürfnissen kein Wort verlauten; vielmehr schreibt sie, bei Christopher Jones sei eine schizophrene Erkrankung zum Ausbruch gekommen, an der nicht nur dieser eine Film, sondern im Endeffekt auch seine gesamte Schauspielkarriere gescheitert wäre.

Auf jeden Fall wird „Una breve stagione" kein Erfolg, und Pias Beziehung zu Christopher Jones geht alsbald wieder in die Brüche. Wie man aus den bunten Blättern erfährt, wendet er sich daraufhin der jungen Olivia Hussey zu, die damals gerade durch die Titelrolle in Franco Zeffirellis Filmversion von „Romeo und Julia" berühmt geworden ist. Das Beziehungskarussell dreht sich weiter unter der jeunesse dorée.

Ein regelrechter Flop wird Pias dritter Film, die deutsch-österreichische Vampirkomödie „Gebissen wird nur nachts". Darin spielt Pia einen adeligen Filmstar, der das Schloss seiner Ahnen besucht. Dort spukt ihre eigene Urgroßmutter – ebenfalls von Pia gespielt –

als nymphomanischer Vampir, und nun werden die beiden beständig verwechselt. Schon den Trailer zu sehen ist eine echte Qual: Wenn Pia mit scheußlichem Makeup und noch scheußlicherer schwarzer Perücke ihre langen Vampirzähne bleckt, mag man kaum glauben, dass die liebliche Elvira Madigan so tief gesunken ist. Doch selbst in dieser Rolle leuchtet momentweise auf, was für eine wunderbare Schauspielerin aus Pia hätte werden können.

Längst empfindet sie selbst, dass ihr Agent sie auf den falschen Weg geleitet hat. Ist dies das Leben, das sie führen wollte, ist dies die Laufbahn, von der sie geträumt hat, sie, die ausgezeichnete Schülerin, die Jugendgefährtin des schwedischen Kronprinzen, die umjubelte Elvira Madigan? Was ist bloß aus ihr geworden: ein Starlet, das die Klatschpresse füttert, eine Blondine unter vielen, die in jede Kamera lächeln und sich bei den Produzenten lieb Kind machen muss. Sie hat das Filmemachen kennengelernt als schönes kollektives Abenteuer, in dem ein Kunstwerk geboren wird. Jetzt sieht sie die Kehrseite der Medaille, die gnadenlose Jagd nach Geld und Rollen, das knallharte Geschäft, in dem die Kunst zur billigen Ware verkommt. Wahrscheinlich erlebt sie Zurückweisungen, enttäuschte Hoffnungen, zweifelhafte Offerten, all das, was man aus den Berichten über zerschlagene Karrieren im Filmgeschäft kennt. Sie selbst hat sich dazu nicht geäußert, weder mir gegenüber noch in ihren Memoiren.

Fest steht, dass die großen Traumrollen ausbleiben und die Angebote immer spärlicher werden. „Gebissen wird nur nachts" ist ein ausgesprochenes B-Movie ohne Prominenz und ohne Qualität. Das ist nicht mein Ding, sagt sich Pia und hält nach Alternativen Ausschau. Sie ist immer noch sehr jung, sie ist immer noch sehr klug, ihr stehen immer noch alle Türen offen. Soll sie doch

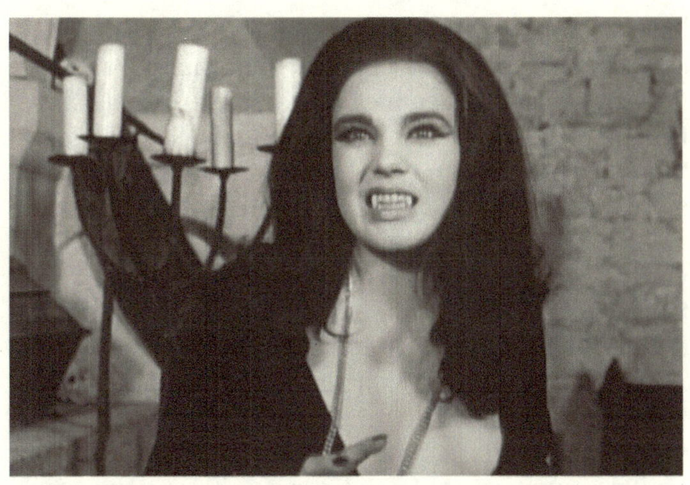

Pias Filme
4. Gebissen wird nur nachts - das Happening der Vampire, Deutschland 1971, Regie Freddie Francis

noch auf eine Schauspielschule gehen und von der Pike auf das Handwerk lernen? Soll sie reumütig zu Bo Widerberg zurückkehren und bei ihm um gut Wetter bitten? Oder soll sie die Schauspielerei ganz an den Nagel hängen und doch noch Dolmetscherin werden, wie es ihre erste Berufswahl vorsah? Nein, Pia wählt keinen dieser steinigen Wege. Sie entscheidet sich für das Bequemste und Gängigste: die bürgerliche Heirat.

Ihr Auserwählter ist Pier Andrea Caminneci, der Produzent jener unsäglichen Vampirkomödie, die Pias Scheitern als Schauspielerin besiegelt. Weihnachten 1970 kommen sich die beiden beim Skifahren in St. Moritz näher, und aufgrund der jungen Liebe lässt sich Pia auch zur Mitwirkung in dem Film überreden. Caminneci wird in den einschlägigen Portalen als Produzent, Regisseur und Drehbuchautor geführt. Die Auflistung der Filme, für die er in einer dieser Positionen verantwortlich zeichnet, sagt einiges über seine Vorlieben aus. „Gebissen wird nur nachts" ist nicht sein einziger Vampirfilm, und auch sonst geht es in seinen Werken meist um Horrorwesen und bizarre Sexphantasien. Seine Produktionen, die mit Titeln wie „Im Schloss der blutigen Begierde" oder „Rote Lippen, Sadisterotika" locken, sind meist nicht von finanziellem Erfolg und schon gar nicht von unsterblichem Filmruhm gekrönt, aber die Flops treffen keinen Armen: Caminneci ist ungeachtet seines italienischen Namens Deutscher und gehört einem Zweig der berühmten Fabrikantenfamilie Siemens an. Das nötige Kleingeld ist reichlich vorhanden.

Pia will ihre Heirat natürlich nicht als Unterkriechen im Reichtum verstanden wissen. Sie betont, wie stark sie anfangs in ihren Mann verliebt gewesen sei. Er gilt als arrogant, und er hat schon damals ein deutliches Alkoholproblem, aber Pia fliegt auf ihn, bezeichnet ihn selbst noch in ihrem Buch, ungeachtet des traurigen Endes dieser Ehe, als die große Liebe ihres Lebens. Trotzdem dürfte ihre verfahrene berufliche Situation beziehungsweise ihr Wunsch, einen Ausweg daraus zu finden, bei der Entscheidung für diese Ehe von einiger Bedeutung gewesen sein, wenn nicht bewusst, dann unbewusst. Es fällt auch auf, dass Pia damit genau das Lebensmodell ihrer Eltern kopiert, das sie doch eigentlich durchschaut und verachtet. Sie selbst hat später die Ähnlichkeit zwischen ihrem Mann und ihrem Vater konstatiert. Hier scheint der tiefere Grund für die Anziehung zu liegen, die Caminneci auf sie ausübt – und zugleich auch der Grund, warum diese Anziehung von vornherein prekär und gebrochen ist.

Doch für den Augenblick scheint alles zu stimmen: die Gefühle, die Wohlstandsaspekte und die gesellschaftliche Fusion. Der Sexfilmproduzent schmückt sich mit einer blonden schwedischen Schönheit, die von ihrem

Debüt her noch den Nimbus der großen Künstlerin besitzt; und die Schönheit schmückt sich mit einem schwerreichen Mann und kann nun zugunsten von Ehe und Familie freiwillig auf eine Karriere verzichten, die sie ohnehin in den Sand gesetzt hat. Zu zweit sind sie wieder ein Erfolgsgespann, ein Traumpaar aus der Welt der Reichen und Schönen. Auf Illustriertenfotos demonstrieren sie ihr Glück vor aller Welt: Da sieht man Pia, wie sie vertrauensvoll den Kopf an Caminnecis Schulter lehnt, man sieht das Paar eng umschlungen im Zugabteil oder beim romantischen Spaziergang durch Cannes...

Auch der Pomp, mit dem die Hochzeitsfeier zelebriert wird, stellt das lebhafte Demonstrationsbedürfnis des jungen Paares unter Beweis. Namentlich für Pia muss der hohe gesellschaftliche Status, den sie sich erheiratet, von größter Wichtigkeit gewesen sein. In ihren Erinnerungen widmet sie der Hochzeit nicht nur eine ausführliche Beschreibung, sondern auch breiten Raum im Fototeil. Genüsslich schildert sie die luxuriösen Details, das Brautkleid von Dior – im Stil offensichtlich dem Kostüm von Grace Kelly in „High Noon" nachempfunden –, die achttausend Nelken, die man eigens aus Cannes einfliegen lässt, das Hochzeitsessen im Grand Hotel Stockholm, von Pias Vater großzügig bezahlt, mit über dreihundert geladenen Gästen. Es kommen die adeligen Verwandten des Bräutigams – auch wenn Pias Schwiegermutter, die Fürstin zu Salm-Salm, die Braut verächtlich eine „Bauerntochter" nennt –, es kommen große Filmstars und Prominente aus der internationalen High Society. Auch Pias Jugendfreund, der schwedische Kronprinz Carl Gustaf, lässt es sich nicht nehmen, seine einstige Skigefährtin als Braut zu sehen.

Die Jungvermählten leben international, teils in Berlin und teils in Cannes. In Berlin verfügt der Siemens-Erbe über eine stattliche Villa in Dahlem, in Cannes über ein Sommerhaus. Doch die Caminnecis reisen auch viel, im Winter zum Skifahren nach St. Moritz, im Sommer an die Badeorte der Riviera oder der Cote d'Azur, wo sich die Prominenz Europas trifft. Überall führen sie ein müßiges Jet-Set-Leben mit viel äußerer Geschäftigkeit, doch ohne jede echte Aufgabe, die ihren Alltag strukturieren und ihm Sinn verleihen könnte. Das ist die Crux der reichen Leute: Es fehlt die Notwendigkeit des Broterwerbs, die uns Normalbürger gebieterisch in die Büros und Fabriken treibt.

Falls Pia mit den Filmambitionen ihres Mannes Hoffnungen auf gemeinsame Projekte und auf eine Fortsetzung ihrer Schauspielkarriere verbunden hat, sieht sie sich bitter enttäuscht: Pier Caminneci gibt seine Tätigkeit als Produzent endgültig auf; die Liste seiner Filme endet 1971, also genau im Jahr seiner Verheiratung mit Pia Degermark. Vielleicht hat er aus seinen Fehlschlägen endlich die heilsame Lehre gezogen, vom Film doch besser die Finger zu lassen, oder der Siemens-Clan hat ihm das teure Hobby untersagt – namentlich bei „Gebissen wird nur nachts" muss er einiges an Geld verloren haben. Auf jeden Fall geht Caminneci von Stund an keiner Beschäftigung mehr nach und spricht dafür umso eifriger dem Alkohol zu.

Pia hat immerhin ein Lebenskonzept: 1973 bringt sie ihren Sohn Cesare zur Welt und ist nun vollends angekommen in der klassischen bürgerlichen Familie, angekommen auf dem Niveau ihrer Mutter, von der sie abschätzig behauptet, sie halte es für den Lebenssinn einer Frau, sich einen reichen Mann zu angeln. Auch Pia hat den Vorsatz, auf alle eigenen Ambitionen zu verzichten, nur noch für Mann und Kind da zu sein; und es gibt ja auch genug für sie zu tun, allein schon bei der Führung von mehreren Haushalten und bei der Betreuung des kleinen Sohnes, vor allem aber im Zusammenhang mit dem Gesellschaftsleben des Paares, das laut und bunt und hektisch ist. Man kann sich Schlimmeres vorstellen als den Alltag einer Millionärsgemahlin, und hätte es in Pias Leben keine Elvira Madigan gegeben, so wäre sie vielleicht ganz zufrieden gewesen. Doch es gab sie, und der Gedanke an das, was sie zu erreichen imstande war, liegt als ewige Mahnung und Herausforderung in Pias Bewusstsein. Nicht nur ihre Intelligenz ist unterfordert, auch ihre Seele krankt an dem turbulenten Leerlauf, in dem die Tage jetzt verrinnen.

Mit einem Wort: Beiden Ehepartnern fehlt ein Beruf und ein Außerhalb – beide empfinden ihr Leben als unerfüllt, und darunter leidet ihre Beziehung ebenso wie unter Caminnecis ständig steigendem Alkoholpegel. Einmal noch eröffnet sich Pia ein Lichtblick: ein letztes Engagement als Schauspielerin. Es ist eine mittelgroße Rolle in der deutschen Fernsehserie „Die Buschspringer". Im Mittelpunkt der Serie steht ein deutscher Pilot in Südamerika, der nach einem Karriereknick mit seinem Freund ein kleines Flugunternehmen gründet und dabei Abenteuer aller Art erlebt. Der Pilot wird dargestellt von dem seinerzeit sehr populären Harald Juhnke; Pia agiert als schöne Ärztin im Busch. Der Dreh findet in Kolumbien statt, wo Pia mehrere Monate in einem international zusammengesetzten Team arbeitet und lebt. Die Serie wird nicht übel aufgenommen, ist aber schnell wieder vergessen. Pia hätte viel mehr Rollen ergattern müssen, um sich in Deutschland bekannt zu machen. Doch weitere Angebote bleiben aus, und Pia muss nun endgültig der Tatsache ins Auge sehen, dass ihre Schauspielkarriere, die einst so verheißungsvoll begann, gescheitert ist.

Doch das hat sich längst abgezeichnet und dürfte für sie zu diesem Zeitpunkt schon nicht mehr schmerzlich gewesen sein. Weit härter trifft sie ihr privates Scheitern. Den Quellen im Netz und in den Medien zufolge wird Pias Ehe bereits nach zwei Jahren geschieden. Pia selbst bestreitet das und erklärt, man hätte sich zwar mehrmals getrennt, doch immer wieder neue Anläufe zur Fortsetzung der Ehe unternommen, so dass sich diese mit Unterbrechungen über fast zehn Jahre hinzog. Erst Ende der 1970er Jahre sei es endlich zur Scheidung gekommen, nachdem sie, Pia, in Schweden einen anderen Mann getroffen hätte, durch den sie die Kraft fand, Caminneci zu verlassen.

Charakteristisch ist, dass Pia erst den nahtlosen Anschluss an den nächsten Partner braucht, um sich vom derzeitigen lösen zu können. Das hat nichts mit Kraft zu tun – im Gegenteil, es ist schlicht eine Frage des äußeren Unterkommens wie auch der inneren Schutzbedürftigkeit. Noch eine ganze Weile wird Pias Weg geprägt und geradezu definiert sein durch ihre jeweiligen Lebensabschnittsgefährten – in der „Zeit mit Pier" ist sie eine völlig andere Frau als in der „Zeit mit Jacob" oder der „Zeit mit JJ". Wäre sie Schauspielerin geblieben, so hätte sie, wie alle berufstätigen Menschen, auf der einen Ebene ihre Arbeit gehabt und auf der anderen ein Privatleben geführt. So aber gibt es nur eine Ebene, und das Privatleben dominiert alles.

Die Umstände der Trennung sind für Pia furchtbar: Als sie Caminneci eröffnet, dass sie sich von ihm scheiden lassen und nach Schweden zurückkehren wolle, verlangt er, dass der gemeinsame Sohn Cesare bei ihm in Deutschland bleibt. „Nie wirst du Cesare bekommen", erklärt er ihr mit äußerster Entschlossenheit; und hinter ihm steht der Siemens-Clan, den Pia als bedrohliche Macht beschreibt. Solange sie dazugehörte, hat auch sie von dieser Macht profitiert; jetzt, da sie ausschert, zeigt man ihr die Zähne. Allerdings will auch der kleine Cesare selbst viel lieber bei seinem Vater bleiben. Er hat zu Pia kein schlechtes Verhältnis, doch er ist, nach ihren Worten, ein „Vatikind" – und Caminneci scheint ein ausgesprochen liebevoller Vater gewesen zu sein. Der Junge mag auch nicht nach Schweden in die Fremde ziehen, in Deutschland fühlt er sich zuhause. Pia resigniert und verzichtet auf den Sohn; doch sie durchlebt bitterschwere Wochen und erleidet, bevor sie aus Deutschland abreist, einen Zusammenbruch, der sie völlig paralysiert.

Übrigens erweist sich die Trennung von Cesare nicht als endgültig. In den folgenden Jahren besucht er seine Mutter regelmäßig in den Schulferien und hält auch als Erwachsener eng mit ihr Kontakt. Pias Exmann aber fällt nicht lange nach ihrer Abreise aufgrund einer Alkoholorgie in ein tagelanges Koma. Die Ärzte holen ihn ins Leben zurück, versichern ihm aber, dass fortan jedes Glas Schnaps für ihn tödlich sein könne. Daraufhin rührt er – Ironie des Schicksals – bis zu seinem Tod Ende 2013 keinen Alkohol mehr an. Doch für die Rettung seiner ersten Ehe kommt diese Abstinenz zu spät.

Die Zeit der ehrgeizigen Projekte

In Schweden nimmt Pia ein neues Leben mit einem neuen Mann in Angriff, und das lässt sich zunächst sehr gut an. Jacob Curman ist natürlich nicht so reich wie der verflossene Siemens-Erbe, doch als Architekt in Stockholm gut situiert und als hart arbeitender Geschäftsmann eine entschiedene Verbesserung gegenüber dem Playboy Caminneci. Mit Jacob wird das Wirklichkeit, was Pia sich an der Seite ihres ersten Mannes vergeblich erhoffte: die gemeinsame produktive Arbeit an einem hochgesteckten Ziel.

Damals werden in den großen Städten die Konferenzzentren modern, und Jacob Curman gehört zu den Ersten, die das Zukunftspotenzial solcher Häuser erkennen. Es gelingt ihm, zusammen mit einem Partner Fördergelder aufzutreiben und in Djurgarden, dem attraktivsten und teuersten Stadtteil Stockholms, ein schönes altes Gebäude mit großem Parkgelände zu erwerben, wo er solch ein Konferenzzentrum etabliert. Pia wird von Jacob mit der Administration des Hauses betraut, und das ist eine Arbeit ganz nach ihrem Herzen. Sie engagiert sich mit Leib und Seele, besorgt die Einrichtung, stellt Speisepläne und Veranstaltungslisten zusammen und macht in der ersten Zeit sogar eigenhändig die Zimmer sauber, da man sich eine Putzfrau noch nicht leisten kann. Oft hat sie einen 16-Stunden-Tag, aber die Anstrengung zahlt sich aus: Bald ist Jacobs Konferenzzentrum gut ausgelastet und international gefragt.

Noch immer ist Pia berühmt in Schweden, und noch immer ist sie sehr attraktiv. Das kommt ihr zugute, wenn sie Kunden wirbt oder mit Geschäftspartnern verhandelt. Schritt für Schritt führt sie mit ihrem Mann das Konferenzzentrum zum Erfolg, und sie erlebt diese Zeit als produktiv und glücklich. Gern verweilt sie in ihren Erinnerungen bei den schönen Spazierwegen um Mariehill, bei den Segeltörns mit Jacob, an denen im Sommer auch ihr Sohn Cesare teilnimmt, bei dem interessanten Freundeskreis. Fünf Jahre bilden Jacob und Pia eine harmonische Arbeits- und Lebensgemeinschaft. Vielleicht ist Jacob von allen Exmännern Pias derjenige, der am besten für eine solide und dauerhafte Partnerschaft geeignet gewesen wäre.

Doch bezeichnenderweise findet Pia auch in dieser Phase keinen inneren Frieden. Schleichend stellt sich ihr altes Leiden, die Anorexie wieder ein, und sie weiß die Ursache nicht zu ergründen. Ihre Psychotherapeutin rät ihr, endlich einmal etwas für sich selbst zu tun. An der Seite Caminnecis war sie verdammt zu permanenter Untätigkeit. An Jacobs Seite hat sie zwar eine Aufgabe, doch es ist seine Aufgabe, nicht ihre, und sie beginnt sich allmählich zu fragen, ob sie dieser Aufgabe wirklich ihr ganzes Leben widmen will. Jetzt bereut sie bitter, dass sie als junges Mädchen nicht studiert hat. Ärztin hätte sie werden sollen, das wäre ihr Traumberuf gewesen. Ist es wirklich schon zu spät, sich diesen Traum zu erfüllen? Pia geht mittlerweile auf die Vierzig zu, und das Abitur, das sie einst abgelegt hat, gilt nur für die neusprachlichen Fächer, ist also für ihren Traumberuf genau das falsche. Trotzdem nimmt sie das ersehnte Ziel in Angriff, mit einer Energie, die von dem unbedingten Willen zeugt, ihrem Leben, bevor es zu spät ist, noch eine entscheidende Wende zu geben. Zunächst benötigt sie das Abitur für die naturwissenschaftlichen Fächer. Anderthalb Jahre lang drückt sie nach ihrer Arbeit im Konferenzzentrum noch einmal die Schulbank, büffelt

Mathematik, Biologie und Chemie. Endlich besteht sie das Abitur, besteht kurz darauf auch die Zulassungsprüfung für das Medizinstudium. Doch bevor sie es antreten kann, teilt ihr Jacob eines Abends mit, dass er sich nach sieben Jahren des Zusammenlebens von ihr trennen will.

Für Pia kommt das, wie sie sagt, aus völlig heiterem Himmel, aber im Grunde muss ihr klar gewesen sein, dass der Himmel schon lange nicht mehr heiter war. Beide Partner haben psychische Probleme, beide sind deshalb in therapeutischer Behandlung, Pia aufgrund ihrer erneuten Anorexie und Hyperaktivität, Jacob aufgrund von depressiven Zuständen, deren Ursachen vermutlich im Elternhaus und in der frühen Kindheit liegen. Pia selbst hatte ihm dringend geraten, sich die Hilfe eines Psychiaters zu suchen. Dumm gelaufen: Der Psychiater ist bei seiner Analyse zu dem Schluss gekommen, dass Jacob sich von Pia trennen muss, wenn seine Psyche Heilung finden soll. Und Jacob folgt dem ärztlichen Rat.

Was ist hier passiert – woran ist diese Partnerschaft zerbrochen? Pia sagt, es sei so lange alles gut gelaufen, wie sie nur für Jacob gearbeitet hätte. Erst in den letzten beiden Jahren, nachdem sie mit ihrem Abiturkurs anfing, seien die Probleme aufgetreten. Wenn das zutrifft, ist es genauso auch der Rat von Pias Psychotherapeutin, der zum Scheitern der Beziehung geführt hat. Im Grunde aber ist es vor allem Pias latente innere Unrast, die Unzufriedenheit eines Menschen, der sich Bedeutendes vom Leben versprochen hatte. Natürlich wäre es vernünftiger gewesen, das anzunehmen, was ihr das Schicksal darbot, und sich sowohl mit Jacob als auch mit dem Konferenzzentrum zu bescheiden. Pias Idee, fast vierzigjährig noch ein kompliziertes Studium anzubahnen, erscheint dem Außenstehenden unklug und vermessen; doch was ist sie anderes als der Wunsch, an die überdimensionierte Verheißung ihrer Jugend anzuknüpfen? Es wird nicht das letzte ehrgeizige Projekt sein, das sie mit diesem Wunsch in Angriff nimmt.

Die Trennung von Jacob trifft Pia vor allem in materieller Hinsicht hammerhart: Sie hat ausschließlich von Jacobs Geld gelebt und steht nun finanziell vor dem Nichts. Es klingt aberwitzig, aber auch auf mehrfache ungläubige Nachfrage bleibt Pia dabei, dass sie zu diesem Zeitpunkt völlig blank gewesen sei. Gut, die Zeit ihrer Gagen liegt weit zurück, davon ist vermutlich nichts mehr übrig geblieben. Aber musste Caminneci sie nicht bei der Scheidung auszahlen? Nein, behauptet Pia, er hätte einfach jede Zahlung an sie verweigert, und sie sei an das Geld, das ihr zustand, von Schweden aus nicht herangekommen. Hätte Jacob ihr nicht für die Arbeit im Konferenzzentrum ein Gehalt zahlen müssen? Nein, behauptet Pia, er hätte zwar Steuern für sie abgeführt, ihr selbst aber nie etwas ausgezahlt, und da sie offiziell nicht mit ihm verheiratet gewesen sei, hätte sie nach der Trennung auch keine Ansprüche geltend machen können. Nicht mal das Auto hätte er ihr gelassen. Aber was ist mit ihrem Vater, konnte oder musste der sie nicht versorgen? Nein, behauptet Pia, mit ihrem Vater hätte sie sich schon zur Zeit der Caminneci-Ehe überworfen. Der wäre bestimmt nicht für sie aufgekommen, selbst wenn sie ihn darum gebeten hätte.

Ich greife mir an den Kopf – was für ein bodenloser Leichtsinn! Wie konnte sich Pia nur so eklatant von ihren Lebenspartnern abhängig machen? Hat sie wirklich nie bedacht, was im Fall einer Trennung aus ihr werden soll? Pia ist nicht weltfremd und durchaus imstande, den Wert und die Wichtigkeit des Geldes zu schätzen. Aber Geld zu beschaffen, war nie ihr Problem. Von jeher haben das die Männer, mit denen sie lebte, für sie erledigt. Nur in ihrer kurzen Zeit als Filmschauspielerin im Ausland hat sie eigenes Geld verdient; dann verfiel sie sofort wieder in das klassische Versorgungsmuster, wie es ihr von den Eltern vorgelebt worden war: Der Mann verdient oder besitzt das Geld, und die Frau wird von ihm unterhalten.

Nun also hat Pia erstmals ihren männlichen Versorger verloren, ohne dass ein anderer in Sicht ist. Von einem Tag zum anderen sieht sie sich gezwungen, durch die eigene Arbeitskraft das Geld zum Leben aufzutreiben. Sie hat keine Qualifikation und ist mit Ende Dreißig auf dem Arbeitsmarkt schon fast schon eine alte Frau. Das geplante Medizinstudium kann sie mangels Masse vergessen, und auch der Job im Konferenzzentrum ist nach der Trennung von Jacob nicht mehr haltbar. Schlimm genug, dass Pia und Jacob noch monatelang unter einem Dach leben müssen, nachdem ihre Beziehung beendet ist. Jacob hat zwar für Pia eine andere Wohnung organisiert, aber die muss erst hergerichtet werden, was sich unerwartet lange hinzieht. Das gemeinsame Wohnen getrennt von Tisch und Bett ist für beide Partner sehr belastend.

Über ihre Ex-Schwägerin findet Pia Arbeit in einer Strickerei, wo sie die Finanzen zu verwalten hat. Irgendwann bezieht sie auch die neue Wohnung, doch ihr Leben bleibt ein Provisorium: Das Mietverhältnis, das ihr Jacob vermittelt, ist auf wenige Jahre beschränkt, dann muss sie sich etwas anderes suchen. Auch der Job in der Strickerei ist nicht von Dauer: Das Unternehmen wird verkauft und umstrukturiert. Pia nimmt es leicht, denn inzwischen trägt sie sich mit hochfliegenden Plänen: Sie will den Sprung in die Selbstständigkeit wagen.

Dahinter steckt natürlich ein neuer Mann, der norwegische Regisseur Petter Skavlan, heute als Produzent und Drehbuchautor in der amerikanischen und skandinavischen Filmbranche sehr erfolgreich. Mit ihm entwickelt Pia ein Projekt, von dem sie sich sehr viel verspricht: die Gründung einer Künstleragentur, die skandinavische Schauspieler in amerikanische Film- und Fernsehproduktionen vermitteln soll – da ist er wieder, dieser drangvolle Ehrgeiz, der auf das Exklusive, schwer Erreichbare zielt.

Eine Zeitlang sieht es so aus, als könnte er sich diesmal erfüllen: Pia findet mit Hilfe von Petter Skavlan Kontakt zu dem amerikanischen Filmagenten Robert Lanz, bei dem sie in New York für einige Zeit als eine Art Praktikantin in die Lehre geht. Sie nutzt ihren Prominentenstatus, lässt ihre alten Verbindungen spielen, telefoniert und organisiert und schafft es auch wirklich, die bekanntesten Schauspieler Schwedens für ihre Agentur zu gewinnen. Leider kommt ihr Projekt zur falschen Zeit: Noch gibt es ein Gesetz in Schweden, das private Arbeitsvermittlungen generell unter Verbot stellt. Eine Gesetzesänderung ist zwar längst avisiert, doch wie die meisten Gesetzesänderungen lässt auch diese endlos lange auf sich warten; und so kann Pia in Amerika zwar mehrmals über ihre Agentur Vermittlungen zustande bringen, nur Geld darf sie dafür nicht nehmen. Erst zwei Jahre später wird die ersehnte Gesetzesänderung beschlossen, doch diese zwei Jahre steht Pia weder finanziell noch nervlich durch. Sie gibt die Agentur wieder auf und kehrt resigniert nach Schweden zurück. Wieder ist eine Hoffnung ihres Lebens zur glücklosen Episode geworden.

Verhängnisvolle Muntermacher

Es gibt verschiedene Aussagen zu der Frage, wann und wie Pia erstmals Bekanntschaft mit den Amphetaminen geschlossen hat, die in ihrem Leben bald eine fatale Rolle spielen werden. In einem Zeitungsbericht heißt es, sie sei schon in Amerika auf den Geschmack gekommen. In ihrem Buch wiederum schreibt sie, es wäre passiert, als nach ihrer ersten Gefängnishaft deprimiert und einsam in einer dürftigen Sozialpension hockte. Im Interview mit mir erzählt sie eine Variante, die zeitlich in etwa dazwischen liegt: Nach ihrer Rückkehr aus Amerika nimmt sie einen Job in der Werbeabteilung der Kino- und Videokette VCM an. Etwa zwei Jahre lang ist sie dort für die Public Relations zuständig, doch schon bald hat sie sich neben dem Broterwerb ein weiteres ihrer ehrgeizigen Projekte in den Kopf gesetzt: eine Stiftung, die anorexiekranken jungen Mädchen helfen soll.

Zu jener Zeit gibt es für die Anorexie noch keine adäquate Therapie. Die meisten Ärzte beschränken sich darauf, die Mädchen irgendwie zum Essen zu bewegen; der psychische Hintergrund, vor dem die Essstörung entstanden ist, wird von den wenigsten wahrgenommen, geschweige denn in die Therapie einbezogen. Doch Pia, selbst Anorexiepatientin und erfolgreich therapiert, kennt die Materie von innen und findet zu den Betroffenen viel besser Zugang. Sie führt mit den Mädchen Einzelgespräche, erzählt ihnen ihre eigene Geschichte, trägt ihnen auf, Berichte über ihre Befindlichkeiten zu schreiben. Damit hat sie beachtliche Erfolge, und die sprechen sich herum. Der Bedarf auf diesem Gebiet ist riesig. Es kommen immer neue Anfragen, das Telefon steht nicht mehr still.

Pia tanzt also auf zwei Hochzeiten: Sie hat ihren Vollzeitjob als Public-Relations-Frau bei VCM, und sie hat daneben die Anorexiestiftung, die zunehmend arbeitsaufwändig wird. Bald muss sie sich außerdem noch eine neue Wohnung suchen, denn ihr derzeitiges Mietverhältnis läuft aus. Mit einem Wort, Pia ist im Stress, sie hat viele Sorgen und zu wenig Schlaf. In dieser Lage gibt ihr eine Sekretärin beiläufig den Tipp, sie solle doch mal Amphetamine ausprobieren, dann würde sie sich gleich viel besser fühlen.

Kurz darauf ist VCM pleite, Pia erhält ihre Kündigung, und eigentlich könnte man auch diese zwei Jahre als glücklose Episode verbuchen, wenn – ja, wenn nicht jener heiße Tipp der Sekretärin gewesen wäre. Der sorgt dafür, dass die Episode noch ein langes und fatales Nachspiel hat. Die Sekretärin hat Recht, stellt Pia fest, wenn sie Amphetamine nimmt, kommt sie viel besser über den Tag. Und so wirft sie sich fortan die süßen Glücksbringer ein, sporadisch erst, dann immer häufiger, bis sie nicht mehr imstande ist, auf sie zu verzichten.

Pia fühlt sich auch im Nachhinein, zumindest was diese Phase angeht, noch nicht als Drogenabhängige. Bis heute spricht sie von den Amphetaminen, als wären es gar keine richtigen Drogen, nur heimliche kleine Helferlein, die sie als seelische Krücken genutzt hat, um die Krisen ihres Lebens zu überstehen. Und diese Haltung ist damals offenbar weit verbreitet. Amphetamine haben ihre Herkunft in medizinischen Präparaten, angewandt zur Leistungssteigerung oder zur Regulierung bestimmter Störungen wie etwa der Hyperaktivität, an der ja auch Pia von Jugend an leidet. In Schweden wurde nie übermäßig viel gekokst oder Heroin genommen, doch der Konsum von Amphetaminen ist dort im europäischen Maßstab sehr hoch. Speed und ähnliche

Muntermacher kursieren in den 1970-er und 1980-er Jahren als Partydrogen in allen Kreisen der Gesellschaft, es ist leicht, an sie heranzukommen, und niemand findet etwas Schlimmes dabei. Kein Wunder, dass Pia in ihrer Vorliebe für die Amphetamine zunächst weder eine moralische Verfehlung noch eine Suchtgefahr erkennen kann.

Zunächst scheint es ja auch zu funktionieren mit den kleinen Helferlein: Pia findet eine neue Wohnung, sie nimmt ein Bankdarlehen auf und finanziert damit ihre Stiftung, entschlossen, sie professionell auszubauen und zum Inhalt ihres Lebens zu machen. Mittlerweile schicken auch viele Ärzte ihre Anorexiepatientinnen zu ihr, von weither reisen die Mädchen an, um ihre Beratung in Anspruch zu nehmen. Bis heute ist sie stolz auf das, was sie damals geleistet hat. Die jungen Mädchen, die sie betreute, wurden fast alle, wie sie beteuert, dauerhaft von der Anorexie geheilt, und das betrachtet Pia als ihr Verdienst.

Doch ausgerechnet dieses Projekt, das ihr am meisten am Herzen liegt, soll sich als das unglücklichste erweisen, das sie je in Angriff genommen hat. Schon von der juristischen Seite her steht es auf äußerst dünnem Eis. Bald wird die Ärztin einer Sozialstation auf die Stiftung aufmerksam und erhebt dagegen Protest: Pia hat keine Qualifikation als Ärztin, mithin also kein Recht, Therapiegespräche mit anorexiekranken Mädchen zu führen!

Nun muss eine Beratung unter Betroffenen nicht in jedem Fall gleich ein Therapiegespräch sein. Doch es lässt sich nicht leugnen, dass aus Pias Stiftung mit der Zeit tatsächlich etwas wie eine therapeutische Einrichtung geworden ist. Bei dem Wort Stiftung assoziiert man in Deutschland fast automatisch den Status der Gemeinnützigkeit und Ehrenamtlichkeit. Diesen Status hat Pias Stiftung nicht. Pia nimmt Geld ein, und zwar über die Ärzte, die ihr die erkrankten Mädchen überweisen. Sie tut vielleicht Gutes, doch sie tut es nicht umsonst. Auch entnehme ich meinen Internetquellen – keineswegs dem Interview –, dass es unter ihren Schützlingen einen Todesfall gegeben haben muss, der Pia seelisch sehr belastet hat. Auf jeden Fall kann sie der ärztlichen Forderung, ihre Beratungsstelle zu schließen, weder juristisch noch menschlich viel entgegensetzen.

Noch heikler ist, dass Pias tägliche Arbeit sie mit einem Milieu in Kontakt bringt, das man heute mit dem modischen Überbegriff „Prekariat" umschreiben würde: Die bei ihr vorsprechenden Mädchen haben mitunter auch noch andere Probleme als die Anorexie, und sie führen Familien oder Freunde im Schlepptau, deren Redlichkeit nicht immer außer Zweifel steht. Pia begeht den Fehler, sich mit einem solchen Menschen einzulassen: Als sie Ärger mit ihrem Vermieter hat und dieser sie überraschend vor die Tür setzt, bittet sie den Freund einer Klientin, die Wohnung illegal zu öffnen, damit sie ihre Sachen herausholen kann. Der Mann erweist sich als ein skrupelloser Einbrecher, und es gibt einen Riesenskandal, denn natürlich gerät Pia in den Verdacht, mit ihm unter einer Decke zu stecken. Sie wird verhaftet und wochenlang in Untersuchungshaft gehalten. Zwar kommt es nicht zu einer Verurteilung, doch als Pia endlich freikommt, hat sie buchstäblich alles verloren: ihre Wohnung, ihre Möbel und Kleider, vor allem aber ihre Arbeit für die Anorexiestiftung. Sie steht vor dem absoluten Nichts.

Für die gutbürgerliche Pia, die zuvor noch niemals mit Kriminalität zu tun hatte, ist dieser Fehlschlag eine Lebenskatastrophe, die sie in tiefste Depressionen stürzt. Was sie diesmal verloren hat, war kein Allerweltsjob. Es war ihr Baby, ihre ureigene Mission, mit der sie ihrer Überzeugung nach viel Gutes hätte schaffen können.

Und es war, wie sie wohl weiß, ihre letzte Chance, den Status der Bedeutsamkeit zu erlangen, nach dem ihr Ego so dringend verlangt. Inzwischen hat sie die Vierzig überschritten, für Karriere oder Studium ist es nun definitiv zu spät. Und ihre Lebensbilanz sieht verheerend aus: Sie fühlt sich als totale Verliererin, gescheitert in allem, was sie je versucht hat. Da steht sie nun, ohne Job, ohne Geld, ohne Wohnung und ohne einen Menschen, auf den sie sich stützen kann. Man bringt sie in einer Sozialpension unter, wo geklaut, gesoffen und geprügelt wird. Eine neue Arbeit findet sie nicht, findet wohl auch kaum mehr den Mut, danach zu suchen.

Pia nimmt schon eine ganze Weile Amphetamine, doch bisher hat sie das gelegentlich und eher beiläufig getan. Jetzt kann sie ohne ihre Muntermacher keinen Tag mehr überstehen. Sie ist süchtig geworden – was ihr früher geholfen und ihren Antrieb gesteigert hat, beginnt nun systematisch ihren Körper und ihre Seele zu zerstören. Dem künstlichen Hoch, das ihr die Droge beschert, folgt notwendig das depressive Tief. Ihr Schlaf-Wach-Rhythmus wird gestört, was Schlaflosigkeit und den Einsatz weiterer Drogen, sogenannter Downer zur Folge hat. Mit der Zeit verändert sich Pias gesamte Persönlichkeitsstruktur: Sie wird gereizt und aggressiv, erkennt keine moralischen Hemmschwellen mehr. Und ausgerechnet jetzt erscheint, nach Jahren der Liebesabstinenz, ein neuer Mann in ihrem Leben: Jan Johansson, von Pia kurz JJ genannt, der Vater ihres zweiten Sohnes.

Absturz

JJ ist der klassische Outlaw, ein „schwerer Junge", wie ihn die meisten Menschen nur im Fernsehkrimi zu Gesicht bekommen. Einen Beruf hat er nie gelernt. Aus zerrütteten Verhältnissen stammend, betätigt er sich von Jugend an mit krummen Geschäften aller Art, vom Einbruch bis zum Drogendeal. Und er nimmt Heroin, so wie Pia Speed nimmt. Mit einem Wort: Er ist der schlimmste Diener Jean, an den unser fallsüchtiges Fräulein Julie geraten konnte.

Es erscheint absurd, dass eine Klassefrau wie Pia, die in Millionärskreisen verkehrt hat und vom Kronprinzen hofiert worden ist, sich mit einem solchen Mann einlässt; und auf der Suche nach Erklärungen denkt man natürlich zuerst an ihre Sucht. Man weiß, wie stark Drogenabhängigkeit die normale Wahrnehmung des Menschen trübt und seine Wertmaßstäbe außer Kraft setzt. Doch es wäre zu einfach, die Beziehung einzig darauf zu reduzieren. Pia muss JJ sehr geliebt haben, anders ist das, was jetzt folgt, nicht zu erklären. Offenbar war sie grenzenlos einsam, bevor sie ihn getroffen hat. Er gibt ihr Halt – er ist gut zu ihr, in einer Zeit, als sie Güte dringend nötig hat und von niemandem sonst erfährt.

Trotz allen Unglücks, in das er sie hineinreißt, ist sie nicht zu bewegen, etwas Schlechtes über ihn zu sagen. Als ich sie vorsichtig frage, ob es nicht besser gewesen wäre, wenn sie JJ nie getroffen hätte, erwidert sie geradezu erstaunt: „Aber dann wäre doch Robbin nicht auf der Welt."

Und ich kann nicht umhin, Pia dafür zu bewundern, dass sie fern jeden Hochmuts und ohne sich zu schämen bis heute zu dieser Liebe steht, mit der sie sich nach bürgerlichen Maßstäben unmöglich macht.

Wie schon erwähnt, zählt Pia zu den Frauen, die sich in hohem Maße über ihre jeweiligen Partner definieren. An der Seite ihres Playboy-Gatten hat sie dessen Jetset-Leben geführt, an der Seite ihres Architekten dessen Konferenzzentrum aufgebaut. Jetzt lebt sie an der Seite eines Kriminellen, und prompt wird sie selber kriminell, und zwar so selbstverständlich und so frei von Skrupeln, als hätte sie nie ein anderes Milieu, nie eine andere Art der Geldbeschaffung gekannt. Sicher ist es auch hier in erster Linie die Droge, die ihr die moralischen Hemmungen nimmt, aber die Liebe ist es offenbar auch.

Pia und JJ brauchen chronisch Geld, und eines Tages kommt ihnen der Gedanke, Pias Vater zum Goldesel zu machen. Der Plan ist ganz einfach: Pia geht in ein großes Stockholmer Hotel und setzt dort im Namen ihres Vaters ein Fax auf, das sie an dessen Schweizer Bank schickt. Darin bittet der angebliche Torsten Degermark, auf das Konto seiner Tochter Pia 50.000 Kronen, umgerechnet etwa 5.000 Euro zu überweisen. Alles klappt wie am Schnürchen – schon ein paar Tage später kann sich Pia über einen satten Zahlungseingang freuen. Beflügelt vom Erfolg, probiert sie den Coup im nächsten Monat gleich noch mal. Doch diesmal steht ihr Vater dummerweise just in dem Moment, als das Fax eintrifft, leibhaftig am Schalter jener Schweizer Bank, und neben ihm seine zweite Frau, die voller Empörung darauf dringt, Pia wegen Betruges anzuzeigen.

An dieser Stelle hat Pia nun doch ein gewisses Rechtfertigungsbedürfnis. Den eigenen Vater zu beklauen, ist schließlich keine Kleinigkeit. Aber Pia hat sich dazu berechtigt gefühlt, denn sie ist seit Jahr und Tag mit ihrem Vater zerstritten. Die Gründe liegen in der Zeit ihrer Ehe und hören sich erst mal ganz banal an: Als Pia heiratete, hatte der Vater ihr und ihrem Ehemann das Haus in Vitznau am Vierwaldstätter See geschenkt, in dem die Familie Degermark einst ihre ersten Schweizer Jahre verbrachte. Pia und Pier Caminneci nahmen die noble Gabe dankbar an, sie renovierten das Vitznauer Haus und steckten eine Menge Geld hinein. Doch dann ließen Pias Eltern sich scheiden, und ihr Vater, der mit einer anderen Frau noch einmal von vorn anfangen wollte, verlangte das Haus von seiner Tochter zurück, was insbesondere Caminneci, aber auch Pia sehr erboste und zu einem großen Familienkrach führte. Obwohl der Siemens-Erbe Caminneci an Häusern keinen Mangel litt, verwickelte er seinen Schwiegervater in einen jahrelangen verbissenen Rechtsstreit um das Vitznauer Haus, doch da die Schenkung nie im Grundbuch eingetragen worden war, hatten die Caminnecis keine Handhabe, sie für sich zu reklamieren. Das sei es, erklärt Pia, was sie ihrem Vater nie verziehen hätte.

Ich sage mir natürlich, dass die Sache mit dem Haus für das Zerwürfnis zwischen Vater und Tochter nur ein äußerer Anlass gewesen sein kann. Man muss nicht Doktor Freud sein, um hier eine komplexere Gemengelage zu vermuten. Wie es scheint, hat Torsten Degermark seine Tochter in ihren Mädchenjahren förmlich vergöttert. Sie war das jüngste Kind, das Nesthäkchen, die Prinzessin, so schön, so aufgeweckt, so vielversprechend! Schon die Tatsache, dass er sich erst von Pias Mutter scheiden ließ, nachdem die Tochter aus dem Haus ging, beweist, wie wichtig sie für ihn war.

Umso mehr muss ihn ihre Entwicklung enttäuscht haben, und zwar nicht nur den liebenden Vater, sondern auch den leistungsorientierten Unternehmer, der die Kosten für die Ausbildung seiner Kinder als Investition betrachtet. Die Erkenntnis, dass aus Pia weder ein Filmstar noch eine Gelehrte und längerfristig nicht mal eine

Millionärsgattin geworden ist, muss ihn ebenso hart getroffen haben wie die Selbstverständlichkeit, mit der sie im Streit um das Haus gegen ihn, den Vater, Partei ergriff, alle Generosität vergessend, die er ihr zeitlebens entgegenbrachte. Fortan ist das Verhältnis der beiden zerrüttet. Das einzige Bindeglied besteht darin, dass der Vater das Geld hat und die Tochter es braucht. Wenn ich die Bewegungen in Pias Finanzlage richtig deute, hat der Vater sie im Laufe der Jahre mehrfach mit größeren Summen unterstützt, sich aber irgendwann offenbar geweigert, ihre Sucht und ihre Pleiten zu finanzieren. Nun also schickt Pia ihre Faxe, und der Vater schickt sie dafür in den Knast. So weit ist es zwischen ihnen gekommen.

Dass Pia für ihren Betrugsversuch tatsächlich hinter Gitter muss, liegt eventuell gar nicht in der Absicht des Vaters und erscheint auch verwunderlich angesichts der liberalen Rechtsprechung in Schweden. Pia selbst hatte fest mit Bewährung gerechnet, die bei Erstdelikten üblicherweise gewährt wird, und findet ihr Urteil ungebührlich streng. In diesem Zusammenhang beklagt sie sich bitter über ihren Prominentenstatus, der dazu führe, dass sie niemals fair behandelt werde: Entweder die Menschen wären besonders nett zu ihr und drückten gern ein Auge zu, oder sie wären besonders rigide und hätten das Bedürfnis, sie für jede Verfehlung auf das Strengste zu strafen.

Das mag durchaus ein Faktor sein; doch andererseits stellt sich die Frage, ob man in diesem speziellen Fall noch von einem Erst- und Einzeldelikt sprechen kann. Hier kommt schon einiges zusammen: Als Pia nach der Fax-Aktion verhaftet wird, findet man in ihrer Wohnung Drogen; auch geht sie bei dieser Gelegenheit auf einen Polizisten los und greift ihn tätlich an, vielleicht unter dem Einfluss ihrer Muntermacher. Selbst die alte Geschichte mit dem Wohnungseinbruch mag bei der Urteilsfindung ins Gewicht gefallen sein. Auf jeden Fall wird Pia zu einer Haftstrafe von vierzehn Monaten ohne Bewährung verurteilt, die sie in einem südschwedischen Frauengefängnis zu verbüßen hat.

Ich frage, ob sie die Gefängnishaft als Schande, als bürgerlichen Fall empfunden habe, aber Pia scheint gar nicht zu verstehen, was ich meine. Das Gefängnisleben habe ihr nichts ausgemacht, erklärt sie, es habe sie in seinen immer gleichen Abläufen und Ritualen an ihre Mädchenzeit im Internat erinnert, und das sei ihrem Naturell entgegengekommen. Fast fröhlich beschreibt sie die Haftbedingungen in den schwedischen Vollzugsanstalten, und die sind nach ihrer Schilderung einfach nur traumhaft. Pia hat dort eine Einzelzelle mit Fernseher, arbeitet gerade mal zwei Stunden pro Tag in der gefängniseigenen Wäscherei und beschäftigt sich ansonsten damit, Pullover für die inhaftierten Frauen zu stricken. Handarbeiten mochte sie schon immer gern, und in der Gefängniszeit merkt sie erstmals, dass die Beschäftigung der Hände ihr hilft, zu anhaltender Konzentration zu finden und ihre Hyperaktivität zu bändigen.

Einzig die Gesellschaft, in der sie sich befindet, wirkt auf Pia belastend und irritierend. Die Frauen hier unterscheiden sich doch signifikant von den Gefährtinnen ihrer Internatszeit. Es sind Frauen aus der untersten Schicht der Gesellschaft, Frauen, die zum Teil nicht einmal lesen können. In der ersten Zeit wird selbst die einfachste Konversation mit ihnen zum Problem. Kopfschüttelnd sagt Pia im Interview, sie hätten „gesprochen wie Donald Duck". Doch teamfähig und frei von Dünkel, wie sie ist, geht sie auf jede der Frauen so freundlich und so individuell wie möglich ein, und in dem Maße, wie sie die Sprache Donald Ducks beherrschen lernt, erfährt sie auch von den schrecklichen Schicksalen, die diese Frauen hierher geführt haben, und öffnet ihnen ihr Mitgefühl.

Vierzehn Monate Haft bedeuten in Schweden natürlich nicht wirklich vierzehn Monate Haft. In der Regel wird bei guter Führung etwa die Hälfte der Haftzeit erlassen. Pia bleibt nicht mal so lange im Frauengefängnis. Schon nach einem Vierteljahr profitiert sie von einer familienfreundlichen Regelung, die das schwedische Rechtssystem geschaffen hat: der Unterbringung straffälliger Paare in sogenannten Familienheimen. Pias Lebenspartner JJ, der zur Zeit ihrer Verhandlung auf freiem Fuß gewesen ist, wird nur wenige Wochen später bei einem seiner Beutezüge erwischt und ebenfalls zu einer Haftstrafe verurteilt; und jetzt, da beide inhaftiert sind, werden sie zu Kandidaten für ein solches Familienheim. Die Zeit dort ist zwar Teil der Haftverbüßung, wodurch die Paare unter ständiger sozialer und staatlicher Kontrolle stehen. Doch im Rahmen ihrer Auflagen können sie sich frei bewegen, können arbeiten und Geld verdienen. JJ bekommt überdies noch die Möglichkeit, einen Heroinentzug durchzuführen. Ein humanerer Strafvollzug ist kaum denkbar.

Doch Pia und JJ setzen das Prinzip der Familienförderung konsequenter in die Praxis um als vorgesehen: Kaum leben sie in dem Heim zusammen, da wird Pia im Alter von 44 Jahren unverhofft noch einmal schwanger. Was nun? Pia will das Kind unbedingt haben. Mit ihrem Sohn Cesare durfte sie nicht leben, aber jetzt gibt ihr das Schicksal, wie sie meint, noch eine zweite Chance auf Mutterglück. Doch hat sie wirklich eine Chance, das Baby aufzuziehen, als amphetaminabhängige Frau, als vorbestrafte Kriminelle, als Partnerin eines Berufsverbrechers? Wo es um Sorgerechtsfragen geht, hört die Milde des schwedischen Rechtssystems auf. Besteht auch nur im Ansatz die Gefahr, dass eine Mutter nicht imstande ist, das Kindeswohl zu gewährleisten, so schreitet der Staat rigide ein.

Pia weiß, was auf dem Spiel steht. Während der Schwangerschaft lässt sie die Finger von den Amphetaminen und bemüht sich, alle Auflagen ihrer Betreuer mustergültig zu erfüllen. Im Rahmen des Familienheim-Projektes erhalten sie und JJ die Möglichkeit, ein kleines Haus am Meer in Fortuna Strand nahe Helsingborg zu beziehen, wo es den beiden sehr gut gefällt. Als Pias Haftstrafe verbüßt ist, bleibt sie freiwillig im Projekt, um mit ihrem Partner zusammen sein zu können. Im September 1993 bringt sie einen gesunden Jungen zur Welt. Ihre Mutter kommt aus der Schweiz und ihr Sohn Cesare aus Hamburg angereist, um bei der Geburt dabei zu sein, einer höchst schwierigen Geburt mit Kaiserschnitt; aber Pia, sportlich trainiert und von zäher, gesunder Konstitution, übersteht sie ohne Probleme. Sie ist glücklich mit dem Baby und hofft auf bessere Zeiten. Aber auch ihre zweite Mutterschaft steht unter keinem guten Stern.

Schon bald verliert die junge Familie den Vater: JJ hält den Heroinentzug nicht durch, er wird rückfällig und erneut kriminell. Inwieweit die Belastung durch das Säuglingsgeschrei oder die ungewohnte Vaterrolle zu dieser Entwicklung beigetragen hat, geht aus Pias Schilderung nicht hervor. Im Buch vergleicht sie ihr vergebliches Bemühen, JJ für ein bürgerliches Leben zu gewinnen, mit dem Bemühen einer Frau, die einen Homosexuellen „umdrehen" will. Tatsächlich sieht es eher so aus, als habe JJ Pia „umgedreht" und in seine Art zu leben hineingezogen. Eines Tages bittet er sie, eine Videokamera für ihn im Pfandhaus zu versetzen, was sie ohne Bedenken tut. Doch die Kamera erweist sich als Diebesgut, und sowohl JJ als auch Pia landen wieder mal in Untersuchungshaft. Pia beteuert, von der dunklen Herkunft der Kamera keine Ahnung zu haben, und auch JJ sagt aus, sie hätte mit seinem Diebstahl nichts zu tun gehabt. In der Tat kann man ihr keine direkte Beteiligung an einer Straftat nachweisen, so dass sie in der Gerichtsverhandlung freigesprochen wird. Aber JJ muss zurück ins Gefängnis, und folglich ist es aus mit dem schönen Familienheim in Fortuna Strand und dem humanen offenen Strafvollzug.

Eine Zeitlang ist Pia trotzdem optimistisch, für sich und Robbin sorgen zu können, zumal es um diese Zeit große Veränderungen in ihrer eigenen Familie gibt: Der Vater ist gestorben, und der ältere Bruder übernimmt die Familiengeschäfte. Pia hofft, dass nun zumindest ihre Geldsorgen ein Ende finden werden, aber die Familie hat längst anders entschieden: Das einzige, was Pia erbt, ist eine lebenslange Versicherungsrente von monatlich zehntausend Kronen, was ungefähr tausend Euro entspricht. Diese Regelung sorgt natürlich für Groll und innerfamiliäre Spannungen. Bis zum heutigen Tag ist Pia der Meinung, ihr Bruder hätte sie um das Erbe geprellt. Doch für den Außenstehenden sieht es eher so aus, als hätte Torsten Degermark das schwarze Schaf der Familie enterben und den Pflichtteil so auskehren wollen, dass Pia zwar eine Grundversorgung hat, doch darüber hinaus keine größeren Geldsummen in die Finger bekommt.

Immerhin kann sie dank dieser Grundversorgung eine kleine Wohnung mieten, als man sie zurückschickt nach Stockholm, wo das lokale Jugendamt zu prüfen hat, ob sie imstande ist, für Robbin zu sorgen. Wochenlang hat Pia die Stockholmer Sozialarbeiter im Nacken, und die sind von vornherein äußerst skeptisch, was ihre Eignung als Mutter betrifft. Als auch noch JJ zur Familie stößt, der wieder voll auf Droge ist, kommt es zu unschönen häuslichen Auftritten, und das Sozialamt signalisiert, dass Robbin bei einer Pflegefamilie wohl besser aufgehoben wäre. Pia verliert die Nerven und flieht mit ihrem Sohn über die dänische Grenze nach Helsingör.

Verzweifelt ruft sie ihre Mutter in der Schweiz an: Die nehmen mir Robbin weg, können wir zu dir kommen? Die alte Dame erklärt ihr höflich, dass sie selbst Tochter und Enkel gern aufnehmen würde. Nur leider, leider könne ihr zweiter Mann das Geschrei von kleinen Kindern nicht vertragen. Also bleibt Pia in Helsingör, wo bisweilen auch JJ Frau und Kind besucht. Doch die meiste Zeit geht er wie eh und je seinen undurchsichtigen Geschäften nach. Er ist nicht „umzudrehen", auch durch Robbin nicht.

Helsingör liegt direkt am Öresund gegenüber der schwedischen Küste, und das ist für Pia wichtig, denn einmal im Monat muss sie über die Grenze nach Helsingborg fahren, um die väterliche Rente abzuheben, die derzeit ihre einzige Einnahme ist. Irgendwann kommt es, wie es kommen muss: Bei einem dieser Grenzgänge wird sie zusammen mit ihrem Sohn erwischt. Man bringt die beiden erst einmal zur Untersuchung in das Krankenhaus von Helsingborg; doch bevor man sie trennen kann, lässt sich Pia zu einer Verzweiflungstat hinreißen, die ihre Lage noch verschlimmert: Sie steigt kurz entschlossen mit Robbin durch ein offen stehendes Fenster und entwischt ins Freie. Abermals flieht sie über den Öresund nach Dänemark, schlüpft in Helsingör bei einer Bekannten unter. Aber das geht böse aus: Als Pia wieder einmal nach Schweden fährt, um Geld zu tanken, und zwar diesmal allein, taucht der aggressive und alkoholisierte Exfreund der Bekannten auf und macht eine gewalttätige Szene, bei der auch der kleine Robbin verletzt wird. Die Polizei wird gerufen, und das bedeutet das endgültige Aus für Pias Mutterschaft. Robbin kommt zu einer Pflegefamilie, und dort, so wird entschieden, soll er bis auf Weiteres auch bleiben.

Als das feststeht, bricht Pia körperlich und seelisch zusammen. Robbin war ihr einziger Halt, ihre letzte Bindung an das normale Leben. Jetzt hat sie nichts und niemanden mehr. Ihr fehlt jeder Grund, sich zusammenzureißen. Bisher hatte sie ihre Amphetamine geschluckt oder durch die Nase gezogen. Jetzt genügt ihr das nicht mehr. Sie fängt an, sie sich direkt in die Vene zu spritzen, einmal, zweimal, sogar dreimal am Tag, erst dann stellt sich die Wirkung ein, die sie zum Überleben braucht. Denn nur darum geht es ihr noch – nicht um den euphorisierenden Rausch, nicht um gesteigerte Leistungskraft. Nur darum, einen Tag zu überleben. Und dann wieder einen Tag.

Das Spritzen ist natürlich kreuzgefährlich. Die Substanz, die Pia beim Dealer bekommt, besteht nur zu einem relativ geringen Teil aus den begehrten Amphetaminen – meist sind es weniger als zwanzig Prozent. Der Rest setzt sich aus ihr unbekannten Streckmitteln und Wirkstoffen zusammen, so dass sie keine Kontrolle darüber hat, was sie sich da alles durch die Venen jagt. Ihr Körper entwickelt gegenüber der Droge eine ständig steigende Toleranzschwelle, die nach immer höheren Dosen verlangt und die letzten Kraftreserven verzehrt. Der Stoffwechsel gerät durcheinander. Die Nervenzellen werden angegriffen. Die Risiken für zahlreiche Krankheiten steigen. Zu jener Zeit ist Crystal Meth noch nicht erfunden, doch die hochdosierten Amphetamine, die Pia in dieser Phase konsumiert, sind in ihrer Zusammensetzung ähnlich und dürften in der Wirkung vergleichbar sein. Pia fängt sich eine Hepatitis C ein, die sie später jahrelang behandeln lassen muss. Was sie sich sonst noch alles einfängt und was sie durchmacht, wenn die Dröhnung nachlässt, mag man sich nur ungern vorstellen. Hat sie Angstzustände? Depressive Schübe? Herzrasen? Halluzinationen? Fühlt sie Ungeziefer über ihren Körper krabbeln? Alles möglich in diesem Stadium der Sucht. Aus der Gelegenheitsschnupferin ist jetzt ein richtiger Junkie geworden.

Und es kommt noch schlimmer: Pia wird obdachlos. Sie hat ihre Stockholmer Wohnung verloren und kann keine neue finden. Dabei ist sie, wie gesagt, nicht völlig mittellos und wäre durchaus in der Lage, sich eine bescheidene Wohnung zu halten. Doch obgleich Amphetamine ein vergleichsweise preisgünstiges Laster sind, benötigt sie in diesem Stadium solch exorbitante Mengen davon, dass ihr kaum Geld für andere Ausgaben bleibt; und davon abgesehen mag auch kein Vermieter der Vorbestraften, die ganz offensichtlich „drauf" ist, eine Wohnung geben. Pia kann und will nicht aus Stockholm weggehen, denn einmal im Monat darf sie Robbin sehen. Also lebt sie auf der Straße, wochenlang, monatelang, einen ganzen eisigen Winter lang. Manchmal findet sich irgendjemand, eine Zufallsbekanntschaft vielleicht oder einer ihrer wenigen verbliebenen Freunde, der sie bei sich übernachten lässt. Ansonsten schläft sie in Hauseingängen oder unabgeschlossenen Waschküchen. Und morgens zieht sie weiter durch die kalte Stadt und spritzt sich im Bahnhofsklo ihre Dröhnung, um einen Tag zu überleben. Und dann wieder einen Tag. Denn die Amphetamine, die sie zerstören, sind zugleich auch ihr Lebenselixier.

Ich bin ein Überleber

Als ich zuerst von Pias Schicksal hörte, dachte ich, der Tiefpunkt ihres Lebens müsste die Gefängnishaft gewesen sein. Doch gegen das, was sie jetzt erlebt, war die Gefängnishaft das reinste Sanatorium. Der Tiefpunkt im Leben der Pia Degermark ist dieses halbe Jahr auf der Straße, dieses ziellose Umherirren ohne Rückzugsort, in einer kalten Stadt, in einer kalten Welt, wo es niemanden kümmert, ob sie lebt oder tot ist – man kann wohl sagen, das gehört zum Schlimmsten, was ein Mensch überhaupt erleben kann. Und wenn ich bedenke, welch gewaltige Spanne die siegessichere Fabrikantentochter, geboren für Erfolg und Wohlleben, von der obdachlosen Fixerin trennt, die trostlos durch den Stockholmer Winter zieht, dann frage ich mich, wie sie das ausgehalten hat. Ich hätte es bestimmt nicht ausgehalten.

„Hast du je erwogen, dich umzubringen?"

Die Antwort kommt prompt und mit vehementem Nachdruck: „NIE AUCH NUR EINE EINZIGE SEKUNDE!!!"

Pia hat alles verloren, nicht aber ihren Lebenswillen. „Ich bin ein Überleber", sagt sie wörtlich in ihrem schwedisch gefärbten Deutsch; doch auch mir als Muttersprachlerin fällt kein treffenderer Ausdruck ein. In den guten Zeiten mag Pia ein fragiles und haltloses Fräulein Julie sein; in den schlechten Zeiten ist sie ein Überleber. Diese Frau hat sich die Überfülle an Gaben, die sie in die Wiege gelegt bekam, auf das Leichtsinnigste durch die Finger rinnen lassen. Sie hat eine Filmkarriere vergeigt, die schon so gut wie zementiert war. Sie hat die Chance auf ein Studium ausgeschlagen, obwohl sie beste Voraussetzungen dafür besaß. Sie hat es geschafft, weder von den Millionen ihres Vaters noch von denen ihres Mannes dauerhaft zu profitieren. Jetzt aber, da sie ganz auf sich allein gestellt ist, da sie buchstäblich um das nackte Leben kämpft, jetzt zeigt sie ihre ureigene Stärke. Bestimmt hätte sie auch einen Krieg oder ein Arbeitslager besser überstanden als die scheinbar Robusteren an ihrer Stelle. Auf einmal erkennt man in ihr die Enkelin des legendären Rudolf Degermark, der sich durch ein Ingenieursstudium hungerte und nebenbei noch tagtäglich Gymnastik trainierte, um den Aufstieg zu schaffen, den Aufstieg in die schwedische Nationalmannschaft der Turner und den Aufstieg zum Großunternehmer. Es ist der gleiche Geist, der Pia aufrecht hält, der sie überleben heißt in dieser ihrer „dunklen Zeit", wie sie sie nennt. Und auch sie wird den Aufstieg schaffen – den Wiederaufstieg in das bürgerliche Leben.

Das Ende der dunklen Zeit kommt nicht von selbst. Es kommt, als Pia endlich einsieht, dass sie zum Überleben Hilfe braucht. Viel zu lange hatte sie vor sich selbst und vor den anderen geleugnet, drogenabhängig zu sein, viel zu lange jeden Entzug verweigert. Doch irgendwann erreicht sie den Punkt, da ihr Leidensdruck größer ist als ihr Stolz. Da ringt sie sich durch, ihren Bruder anzurufen, mit dem sie eigentlich verfeindet ist. Ich kann nicht mehr, sagt sie zu ihm, ich kann nicht mehr so weitermachen.

Der Bruder dringt auf einen gründlichen Entzug. Er hat einen amerikanischen Bekannten, der ihr ein Stipendium vermitteln kann. In den USA können mittellose Alkohol- und Drogenabhängige für den Entzug ein Stipendium beantragen wie für ein Universitätsstudium, und der Bekannte von Pias Bruder sitzt genau an einer solchen Quelle der Stipendienvergabe. Pia zögert, in die

USA zu gehen, doch ihr Bruder hat ein schlagendes Argument: Du musst das machen, sonst bekommst du Robbin nie!

Damit weist er Pia ein Ziel: Sie muss clean werden, damit man ihr Robbin zurückgibt. Tatsächlich bekommt sie mithilfe ihres Bruders ein Stipendium zum Drogenentzug im Anchor Hospital Atlanta/Georgia – wie sie das als Schwedin schafft, ist mir ein Rätsel, doch die richtigen Beziehungen scheinen auch in den Staaten Wunder zu wirken. Ein halbes Jahr lang lebt sie im Anchor Hospital und unterzieht sich einem umfassenden Entzug, der nicht nur die körperliche Entgiftung, sondern auch die mentalen Suchtursachen einschließt. Es wird viel in Gruppen gearbeitet, so dass Pia ihre eigenen Befindlichkeiten über diejenige ihrer Leidensgefährten tiefer verstehen lernt. Hier überwindet sie auch endlich ihre fatale Liebe zu JJ. Die Kur ist hart, aber wirkungsvoll. Sie legt den Grundstein für Pias Genesung, auch wenn es noch eine ganze Weile dauern wird, bis sie wieder Tritt fasst im bürgerlichen Leben.

Auf der Basis ihrer neu gewonnenen Freiheit werden nach und nach all die Probleme lösbar, die zuvor als uneinnehmbare Hürden erschienen. Heimgekehrt nach Schweden, findet sie fast auf Anhieb eine kleine Mietwohnung. Zwar liegt diese nicht in Stockholm, sondern bei Skane in Südschweden, doch Pia ist zu diesem Zeitpunkt froh, dass sie überhaupt wieder ein Dach über dem Kopf hat. Die Vermieterin kennt ihr Führungszeugnis und weiß über ihre Vergangenheit Bescheid, gibt ihr aber trotzdem eine Chance; die beiden Frauen werden mit der Zeit sogar enge Freundinnen. Pia beginnt, ihre Angelegenheiten zu regeln. Sie geht auf Arbeits- und Wohnungssuche in Stockholm, erneuert ihre alten Kontakte, nimmt den Kampf um ihren Sohn auf. Es scheint langsam wieder mit ihr bergauf zu gehen.

Doch schon im August 1995 trifft sie ein neuer Schicksalsschlag: Bei einem Autounfall wird sie schwer verletzt. Den Unfallwagen fährt ein Bekannter von ihr, mit dem sie an einem Landfest teilnahm. Auf dem Heimweg schläft er am Steuer ein, der Wagen kracht gegen einen Baum, und Pia, die als Beifahrerin neben ihm sitzt, erleidet einen komplizierten Beinbruch.

Diesmal ist es ein äußeres Unglück, wie es jeden Menschen treffen kann – fast ist man versucht zu sagen: Es passt gar nicht in Pias Geschichte hinein. Die Folgen aber sind gravierend und werden noch jahrelang ihr Leben überschatten. Das gebrochene Bein tut unerträglich weh, so dass man Pia stärkste Schmerzmittel geben muss. Während ihres Krankenhausaufenthaltes, der sich über ein halbes Jahr erstreckt, stellt sich auch noch eine Nekrose ein, die ebenfalls sehr schmerzhaft ist und den Heilungsprozess dramatisch hemmt. Bei einer der zahlreichen Operationen, die der Bruch notwendig macht, vergisst der Chirurg ein Stück Metall in ihrem Bein, was erst Wochen später beim Röntgen entdeckt wird. Lange Monate verbringt Pia im Rollstuhl, dann bewegt sie sich vier Jahre lang auf Krücken fort. Und immer wieder treten zusätzliche Komplikationen und Leiden auf, die sie zwingen, einen Großteil ihrer Zeit in ärztlichen Wartezimmern zu verbringen.

Abermals hat Pia Gelegenheit zu zeigen, dass sie ein Überleber ist, und insofern passt dieser zufällige Unfall vielleicht doch ganz gut in ihre Geschichte hinein. Er schafft genau die Situation, die ihre besondere Stärke weckt. Wieder sieht sie sich mit äußerstem Schmerz und äußerster Gefahr konfrontiert, und wieder muss sie sich mühsam das normale Leben zurückerobern. Und sie schafft es, kämpft sich Schritt für Schritt voran durch Behandlungen, Operationen, Physiotherapien, schluckt Medikamente und treibt Gymnastik, bis sie endlich soweit wiederhergestellt ist, dass sie keine Krücken mehr braucht.

Noch langwieriger und nicht weniger hart ist ihr Kampf mit der Versicherung. Nach dem Unfall macht Pia umfangreiche finanzielle Forderungen geltend: Sie begehrt Schmerzensgeld, Frühverrentung, Verdienstausfallentschädigung... Die Versicherung hält diese Forderungen für überzogen, sie verweigert die Zahlung, und ein jahrelanger Rechtsstreit entbrennt, der durch sämtliche Instanzen geht. Während all der Zeit leidet Pia an Geldnot. Sie bekommt kein Krankengeld und kaum Sozialhilfe; selbst ein Fahrdienst, wie er eigentlich in Schweden behinderten Personen zusteht, wird ihr von den Behörden verweigert. Da sie gezwungen ist, ihr krankes Bein über Gebühr zu beanspruchen, stellen sich schmerzhafte Entzündungen und Verschleißerscheinungen ein; doch die Ämter, die sie um Hilfe bittet, zeigen ihr die kalte Schulter.

Pia wird erneut von Depressionen gepeinigt, sucht zeitweise wieder Zuflucht bei ihren gefährlichen Freunden, den Amphetaminen. Doch mit Hilfe ihrer neu gewonnenen Vermieterin und Freundin Cecilia gelingt es ihr, auch diese Krise zu bewältigen. Irgendwann hat sie Glück und findet eine Arbeitsstelle als Organisatorin in einem Stockholmer Sportverein. Es ist kein besonders aufregender Job, doch er verschafft ihr ein Einkommen und eine Verortung im sozialen Leben. Von ihrem amerikanischen Patenonkel bekommt sie eine Wohnung in Stockholm geschenkt. Sogar eine neue Liebe stellt sich ein: Pia beginnt eine Affäre mit einem Stockholmer Restaurantbesitzer. Es geht nicht allzu lange gut mit den beiden; doch dankbar denkt sie an den Mann zurück, der sie nach einer jahrelangen Durststrecke des Leidens erstmals wieder fühlen ließ, was Liebe und Lebensfreude bedeutet.

Nach fast zehn Jahren zähen Prozessierens mit der Versicherung kann Pia einen glänzenden Sieg erringen: Sie bekommt eine komfortable Invalidenrente zugesprochen, dazu noch einen größeren Betrag als Entschädigung für ihren Verdienstausfall infolge des Unfalls. Mit einem Schlag wird sie zu einer relativ wohlhabenden Frau. Was vorübergehend ihr Unglück war, hat ihr letztendlich dauerhaft Glück gebracht, und nicht nur in finanzieller Hinsicht. Fast wichtiger ist, dass sie sich erstmals eine Lebensgrundlage erstritten hat, ohne Vater, ohne Bruder, ohne Ehemann, ganz aus eigener Kraft. Über die Berechtigung der Invalidenrente mag man streiten – heute ist Pias Behinderung kaum noch sichtbar und hindert sie weder am Laufen noch am Skifahren –, doch man gönnt ihr den hart erkämpften Erfolg, der endlich ihre Selbstständigkeit zementiert.

Nur das eine Ziel, das ihr am wichtigsten ist, bleibt für Pia weiterhin unerreichbar: Sie bekommt Robbin nicht zurück. Immer wieder zieht sie vor Gericht, sie weist nach, dass sie absolut clean ist, sie legt ihre Finanzen offen, sie bettelt und fordert und kämpft bis zum Letzten. Aber die schwedische Justiz bleibt hart und weist ihre Klagen allesamt ab. Pia gibt den Kampf nicht auf, sie wendet sich an alle möglichen Institutionen und Organisationen, die mit Familienschutz oder mit der Unterstützung alleinerziehender Mütter zu tun haben, aber auch das bringt keinen Erfolg. Formal behält sie zwar jederzeit das Sorgerecht für ihren Sohn, bekommt auch ein Umgangsrecht gewährt, das ihr in bestimmten Zeitabständen Begegnungen mit dem Sohn ermöglicht. Doch in praxi bringt Robbin seine ganze Kindheit bei den Pflegeeltern zu, die ihn als Baby aufgenommen haben. Die Gründe scheinen weniger in einer Ablehnung der Mutter zu liegen, als vielmehr darin, dass der Junge zu den Pflegeeltern eine starke Bindung entwickelt hat, so dass eine Trennung unzumutbar wäre – eine Argumentation, die für Pia bitter, aber objektiv nicht von der Hand zu weisen ist.

Bei den behördlich regulierten monatlichen Treffen zwischen Mutter und Sohn ist stets der Pflegevater dabei – auf Robbins Wunsch, wie man Pia erklärt – und meist auch einer der Sozialarbeiter, die für den Fall zuständig sind. Diese Umstände sind natürlich nur geeignet, den Sohn noch stärker von der Mutter zu entfremden. Für den kleinen Robbin müssen die Begegnungen mit seiner Mutter, zu denen er sich verdonnert fühlt, ein Krampf und eine Qual gewesen sein. Als Erwachsener ist er es dann selbst, der jeden Kontakt mit Pia ablehnt.

Natürlich ist Pia über diese Entwicklung unsagbar verbittert und gibt den Behörden die Schuld daran. In ihrem Buch zieht sie seitenlang über herzlose Sozialarbeiter und bornierte Gerichte her, sie setzt das Wort Umgang stets in Anführungszeichen und spricht sogar von einer „Gehirnwäsche", die man an Robbin vorgenommen hätte, um ihn seiner Mutter zu entfremden. In diesem Punkt fehlt ihr die ansonsten durchaus vorhandene Bereitschaft, die Fehler der Vergangenheit einzugestehen und das eigene Handeln auch kritisch zu werten. Hier weist sie jede Mitschuld oder Reue von sich. Bis heute ist sie überzeugt, dass es richtig war, mit ihrem Sohn vor den Sozialarbeitern zu fliehen, als sie sich seiner bemächtigen wollten. Jede echte Mutter, davon ist sie überzeugt, hätte an ihrer Stelle ebenso gehandelt. Eine Kooperation mit den Sozialarbeitern hat sie zu keiner Zeit in Erwägung gezogen; sie waren und blieben immer ihre ärgsten Feinde.

Nichtsdestotrotz ist sie stolz darauf, dass aus ihrem Sohn „etwas geworden" ist. Robbin Degermark lebt heute in Stockholm, wo er eine lukrative Bankanstellung, eine komfortable Wohnung und eine hübsche Freundin sein eigen nennt. Im Internet präsentiert er sich als gut aussehender junger Mann mit vielen Facebook-Freunden. Auch eine Art von Happy End.

Zur Ruhe gekommen

Mit dem Geldsegen von der Versicherung kündigt Pia ihren ungeliebten Job im Sportverein und setzt sich zur Ruhe. Für eine Rentnerin ist sie noch ziemlich jung, doch es fällt ihr leicht, das Leben einer solchen zu führen. So lange hat sie sich weiter nichts als finanzielle Sicherheit und Ruhe gewünscht. Ein kleiner, aber stabiler Freundeskreis, ein guter Kontakt mit ihrem älteren Sohn, dazu viel Sport, vor allem in der nahe gelegenen Schwimmhalle, ein kleiner Hund, der ihr viel Freude bereitet, und hin und wieder eine Bridgepartie, das reicht ihr fürs Erste völlig aus.

Ein paar Jahre später verlässt sie Stockholm und zieht in das beschauliche Norrtälje. Sie folgt ihrer Mutter, die es dorthin verschlagen hat. Die alte Dame, die Jahrzehnte in der Schweiz verbrachte, war nach dem Tod ihres zweiten Mannes wieder nach Schweden zurückgekehrt, wo eine Freundin aus Norrtälje ihr angeboten hatte, bei ihr zu wohnen. Der Ort liegt idyllisch inmitten der Schären; im Sommer verbringen die Stockholmer gern ihre Wochenenden dort. Auch Pia, die ihre zunehmend gebrechliche Mutter oft besucht und manchmal wochenlang bei ihr wohnt, entdeckt allmählich die Reize Norrtäljes. Schon lange mag sie das hektische Stockholm nicht mehr. Vielleicht erinnert die Stadt sie an den furchtbaren Winter, den sie obdachlos auf der Straße verbrachte. Das Kleinstadtleben erscheint ihr dagegen freundlich, warm und familiär; auch lässt sich absehen, dass die Mutter bald ständige Pflege und Hilfe braucht. Als Pia Gelegenheit bekommt, eine schöne Wohnung mitten im Zentrum von Norrtälje anzumieten, greift sie kurz entschlossen zu. Und sie bereut es nicht. Norrtälje ist ein Ort, wo es sich leben lässt. Zwar nimmt die Pflege ihrer Mutter viel Zeit in Anspruch, doch sie bringt es auch mit sich, dass Pias einst so angespanntes Verhältnis zu ihr in gewissem Maße bereinigt wird. Auch in dieser Hinsicht ist Pia spät, aber nicht zu spät erwachsen geworden.

Ansonsten setzt sie in Norrtälje ihr geruhsames Rentnerdasein fort, und wie es sich für eine Rentnerin gehört, verfolgt sie auch bestimmte Pläne und Ideen, für die sie zuvor keine Muße hatte. Zum Einen ist das die Handarbeit. Schon als Kind hatte Pia gern gestrickt oder genäht; und später, in den kritischen Phasen ihres Lebens, hatte sie auch die beruhigende und quasi therapeutische Wirkung entdeckt, die aus der monotonen Beschäftigung der Hände und dem zielgerichteten Drang zur Vollendung einer entstehenden Arbeit erwächst. Was einst nur beiläufiges Hobby war, ist ihr nach und nach zu einem tiefinneren Bedürfnis geworden. Jetzt als Rentnerin intensiviert sie die Beschäftigung mit der Handarbeit: Sie beginnt, Kissen zu besticken, und zwar durchaus mit Ambitionen. Ohne jede Vorlage entwickelt sie die phantasievollsten Muster, stickt oft monatelang an einem einzigen Kissen und bringt in ihren besten Arbeiten richtige kleine Kunstwerke hervor.

Pias Kissen finden Anklang. Obwohl sie hohe Preise dafür verlangt, kann sie Verkaufserfolge verbuchen. Zwar stehen die Einnahmen in keinem Verhältnis zu dem immensen Arbeitsaufwand, den Pia investieren muss, und wäre sie allein auf die Verkäufe von Kissen angewiesen, so könnte sie davon nicht leben. Doch jeder Zusatzverdienst ist ihr willkommen, und die Anerkennung, die sich in den Kaufwünschen ausdrückt, tut ihr gut. In verschiedenen Ausstellungen kann sie ihre Kissen zeigen, einmal sogar in einer bekannten Stockholmer Galerie.

Noch erfolgreicher wird das zweite Projekt, für das Pia die Freiheit ihres Rentnerdaseins nutzt: Sie schreibt ihre eigene Geschichte auf. Die Initiative geht nicht von ihr, sondern von einer Verlegerin aus, der sie anspricht. In Schweden ist Pias Name bis zum heutigen Tage unvergessen. „Elvira Madigan" hat den Status eines Klassikers und wird häufig im Fernsehen oder auf filmhistorischen Veranstaltungen gezeigt. Aber es ist nicht das allein, was das Interesse an Pia wach hält. Auch von den Tiefpunkten ihres Lebens ist einiges an die Öffentlichkeit gedrungen. Ihre Gefängnishaft hat ebenso Schlagzeilen gemacht wie der vergebliche Kampf um ihren jüngeren Sohn. Auch als Pia längst schon wieder ein gutbürgerliches Leben führt, kommen gelegentlich die Medien auf sie zu, um sie über ihre aktuellen Befindlichkeiten auszufragen oder um ihre Meinung zu irgendeinem prominenten Weggefährten einzuholen. Einem Boulevardblatt namens „Espressen", das wie eine schwedische Bild-Ausgabe wirkt, hat sie etliche Interviews gewährt. Im Grunde war die Forderung nach ihren Memoiren nur eine Frage der Zeit. Und diese Forderung kommt Pias Wünschen entgegen. Sie ist zwar noch nie als Autorin eines eigenen Werkes in Erscheinung getreten, aber im privaten Rahmen hat sie immer gern geschrieben, sie kann gut formulieren, und was noch wichtiger ist: Sie hat das Bedürfnis, sich zu entäußern.

Pia macht sich also an die Arbeit und stellt zu ihrer Überraschung fest, dass auch das Schreiben, sogar mehr noch als die Handarbeit, eine therapeutische, ja nachgerade karthatische Wirkung mit sich bringt. Schon oft hat sie in ihrem Leben die Hilfe von Psychotherapeuten gesucht. Sie ist eine erfahrene Couchpatientin und daran gewöhnt, dass ihr Inneres professionell analysiert wird. Doch es ist etwas anderes, wenn man sich schreibend auf die Reise in das eigene Ich begibt, wenn man die Stationen seines Werdens quasi aus der Draufsicht noch einmal erlebt. Das Schreiben bringt Pia nicht nur viele Zusammenhänge erstmals zu Bewusstsein, es befähigt sie auch, ihrem Schicksal ohne Bitternis ins Auge zu sehen, es anzunehmen, so wie es war, selbst noch in den dunkelsten Momenten.

Heute bezeichnet sie die Arbeit an dem Buch als den Punkt, ab dem es mit ihr bergauf ging, innerlich und bald auch äußerlich. In nur acht Monaten bringt sie ihre Geschichte zu Papier; der Verlag muss den Text sogar erheblich kürzen, da das Buch sonst zu umfangreich geworden wäre.

2007 erscheint Pias Buch „Gott zählt die Tränen der Frauen“, und wie nicht anders zu erwarten, stößt die außergewöhnliche Biographie beim schwedischen Publikum auf starkes Interesse. Wieder hat Pia Gelegenheit, ihre Rente durch willkommene Zusatzeinnahmen zu vermehren. Im Gefolge des Buches entstehen zwei Fernsehdokumentationen und verschiedene Radiofeatures, die sich mit ihrem Leben befassen Der Buchtext wird in mehrere Sprachen übersetzt – leider weder ins Englische noch ins Deutsche.

Nicht immer sind die Reaktionen auf Pias Beichte durchweg positiv. Es ist weniger ihre Art zu schreiben als ihr für den Normalbürger nicht immer nachvollziehbares Handeln, was Irritationen bei den Lesern weckt. Eine Rezensentin meint nicht unzutreffend, in Pias Darstellung seien an allem Unglück, das sie je durchlitten habe, immer nur die anderen schuld gewesen. Autobiographisches Schreiben hat bekanntlich seine Tücken, und Pia ist ihnen nicht entgangen. Doch die Art, wie sie die Geschichte ihres Lebens aufgeschrieben hat, wird zumindest für sie selbst fast unwichtig gegenüber der Tatsache, dass sie es überhaupt getan hat.

Das Buch verändert Pias Leben. Sie erfährt einen Zustrom an Aufmerksamkeit wie seit vielen Jahren nicht mehr, und in dem Maße, wie ihr Selbstwertgefühl sich durch die äußere Zuwendung hebt, entwickelt sie auch eine nie gekannte innere Unabhängigkeit. Es ist kein Zufall, dass sie gerade jetzt nach einer langen Phase des Alleinseins wieder einen Partner findet: Peer ist ein wohlhabender Geschäftsmann aus Stockholm, der bei Norrtälje ein Sommerhaus hat. In einem Straßencafé lernen die beiden sich kennen, haben sofort einen Draht zueinander, reden und reden den ganzen Nachmittag. Seitdem fährt Peer jedes Wochenende von Stockholm nach Norrtälje, um Pia zu besuchen. Sogar vom Heiraten ist schon die Rede.

Aber diese Beziehung unterscheidet sich von allen früheren, die Pia einging: Diesmal stürzt sie sich nicht mit Haut und Haar hinein, gibt ihr eigenes Selbst für den Mann nicht auf. Bei aller Liebe ist sie jetzt imstande, ihren eigenen Kopf zu bewahren. Sie braucht den Mann, doch genauso sehr braucht sie ihre schwer erkämpfte seelische Freiheit. Und sollte die Beziehung zu Peer jemals scheitern, so wäre das für Pia nicht, wie in früheren Fällen, eine Katastrophe. Denn dann bliebe ihr immer noch das, was sie sich selbst erschaffen hat.

Inzwischen kündigen sich weitere verheißungsvolle Entwicklungen an: Über das Buch ist auch die Filmszene auf Pia aufmerksam geworden. Es gibt den Plan, ihr Leben zu verfilmen – auch wieder ein Projekt, das längst in der Luft lag und dessen Umsetzung nur eine Frage der Zeit war, denn Pias Leben schreit nach Verfilmung. Pia ist stolz und aufgeregt, berichtet eifrig von den jüngsten Verhandlungen und spekuliert schon über die Besetzung. Doch mit dem Film ist es wie mit dem

Mann: Bei aller Freude und Hoffnung wahrt sie Abstand, lässt sich innerlich nicht mehr vereinnahmen. Ein Filmprojekt kann sich ebenso zerschlagen wie eine Beziehung; aber sollte das geschehen, dann würde für Pia nicht die Welt einstürzen. Sie fühlt sich innerlich gefestigt genug, um ohne Gram zu genießen, was das Leben ihr bietet, egal, ob es mehr ist oder weniger. So, wie es jetzt ist, kann es gern weitergehen. Pia hat gute Gene und mehrere Verwandte, die älter als Hundert geworden sind. Auch sie wird sicherlich noch lange leben. Was sie nicht umbrachte, hat sie stärker gemacht.

Entsprechend abgeklärt klingt auch das Fazit, das sie aus der Achterbahnfahrt ihres Lebens gezogen hat: Alles, was sie erlebte, erklärt sie, war eine Bereicherung. Alles hatte seinen Sinn, und nichts würde sie sich anders wünschen. Verächtlich spricht sie von ihren saturierten Freundinnen, die ihr Leben einförmig in Wohlstand und in Ruhe verbringen. Da hat sie, Pia, es weit besser getroffen. „Ich habe diese Reise gebraucht", sagt sie wörtlich.

Nun, auf einige Stationen dieser Reise hätte sie wahrscheinlich doch gern verzichtet. Ihre Lebensphilosophie klingt wie das Ergebnis einer psychotherapeutischen Behandlung oder eines indischen Weisheitskurses, wo den Patienten mantraartig eingehämmert wird, ihr Leben so zu akzeptieren, wie es nun mal gelaufen ist. Das schließt auch bewusste Schönfärberei ein, und so erscheint es nahezu folgerichtig, dass Pia, die sich bei "Espressen" und Co. immer goldrichtig abgebildet fand, meinen Bericht über sie zurückwies mit der Begründung, ich hätte sie "als Mensch und Person überhaupt nicht erkannt".

Aber wenn man auch die psychologische Hilfskonstruktion durchschaut, die in Pias Positivismus liegt, muss man doch anerkennen, dass es sich um eine sehr praktikable und aufbauende Hilfskonstruktion handelt. Auf jeden Fall scheint sie Pia zu helfen, die Vergangenheit nicht als schwärende Wunde oder als Ballast zu sehen, sondern als Basis einer besseren Zukunft. „Du kriegst immer eine zweite Chance", ist die Überschrift eines jener Zeitungsartikel, in denen sie ihr Leben geschildert hat. Pia Degermark musste das Glück, dem sie ihre erste Chance verdankte, mit einem Meer von Leid bezahlen. Ihre zweite Chance aber hat sie genutzt.

Ich weiß jetzt, ich begreife, Kostja, dass in unserem Metier,
egal, ob wir Schauspieler oder Schriftsteller sind,
die Hauptsache nicht der Ruhm ist, nicht der Glanz,
nicht das, was ich mir einmal erträumte,
sondern die Leidensfähigkeit.
Versteh dein Kreuz zu tragen und glaube.
Ich glaube an mich, dann tut das alles nicht mehr so weh,
und wenn ich an meine Berufung denke,
habe ich keine Angst vor dem Leben.

Anton Cechov, Die Möwe

Inhalt

www.ingramcontent.com/pod-product-compliance
Lightning Source LLC
La Vergne TN
LVHW051017080826
845145LV00009B/2668

* 9 7 8 3 9 3 8 1 0 5 3 5 1 *